마리아 폰 베데마이어(약혼녀)의 놀라운 이야기

본회퍼의 위대한 사랑

파비안 포굿 지음
서은성 옮김

쿰란출판사

Bonhoeffers große Liebe

Die unerhörte Geschichte der Maria von Wedemeyer

Bibliografische Information der Deutschen Nationalbibliothek:
Die Deutsche Nationalbibliothek verzeichnet diese Publikation in der
Deutschen Nationalbibliografie; detaillierte bibliografische Daten sind
im Internet über http://dnb.d-nb.de abrufbar.

© 2017 by edition chrismon in der Evangelischen Verlagsanstalt GmbH. Leipzig
Printed in Germany

Das Werk einschließlich aller seiner Teile ist urheberrechtlich geschützt.

Jede Verwertung außerhalb der Grenzen des Urheberrechtsgesetzes
ist ohne Zustimmung des Verlags unzulässig und strafbar. Das gilt
insbesondere für Vervielfältigungen, Übersetzungen, Mikroverfilmungen
und die Einspeicherung und Verarbeitung in elektronischen Systemen.

Das Buch wurde auf alterungsbeständigem Papier gedruckt.

Umschlagillustration Marco Wagner
Gestaltung und Satz Hansisches Druck- und Verlagshaus GmbH
Frankfurt am Main, Anja Haß
Druck und Bindung BELTZ Bad Langensalza GmbH

ISBN 978-3-96038-081-8
ww.eva-leipzig.de

본회퍼의
위대한 사랑

"나는 행복이 확고하게 깊이 내재하고 있을 때
고통은 결코 그곳까지 도달할 수 없다고 생각한다."

— 마리아 폰 베데마이어

"당신 주변을 밝게(hilaritas) 가득 채우세요."

— 디트리히 본회퍼

* 'hilaritas'는 로마의 신화에 나오는 밝은 평정을 얻게 하는 신.

추천사

1980년대 초반, 정치적으로 혼란스러운 시대 속에서 대학을 다니던 내게 가장 큰 영향을 준 인물 중 한 명은 히틀러 정권에 맞서 싸운 반(反)나치 운동가 디트리히 본회퍼였다. "미친 자가 운전대를 잡고 질주하는 것을 볼 때, 목회자가 해야 할 일은 그 자동차에 치여 죽는 이들의 장례를 주관하는 것이 아니라, 먼저 그 미친 자를 운전대에서 끌어내리는 것이다." 본회퍼의 이 말은 방황하던 20대 초반의 내게 깊은 충격을 주었다. 특히 그의 저서 《나를 따르라》는 '부르심에 대한 순종'이 무엇인지 고민하게 만들었고, 신앙과 삶에 대한 나의 태도를 근본적으로 변화시켰다.

몇 년 전, 우연히 한 동영상을 통해 중년의 남성이 피아노를 연주하며 독일어로 노래하는 장면을 보았다. 그 곡은 바로 선한 능력으로(Von guten Mächten), 본회퍼가 생의 마지막 성탄절에 남긴 시에 곡을 붙인 찬양이었다. 이 곡은 내 삶에 깊은 울림을 주었고, 얼마 전 내가 노회장으로 섬기고 있는 서울서남노회 신년하례회에서 노회 임원들과 함께 부르기도 했다.

그런데 최근에 장로회신학대학교 입학 동기인 서은성 목사께서 《본회퍼의 위대한 사랑》이라는 독일어 책을 번역했다는 소식을 들었다. 이 책을 통해 나는 본회퍼의 진정한 모습을 새롭게 발견할 수 있었다. 그는 해외 여러 대학에서 교수직을 제안받았음에도 조국을 떠나지 않고, 고난받는 이들과 함께하기로 결단했고, 결국 1943년 4월 5일에 테겔 형무소에 수감되었으며, 약혼녀 마리아와 한 달에 한 번씩 면회를 하며 편지를 주고받았다. 하지만 1944년 9월 20일, 나치 군이 본회퍼가 히틀러 암살 계획의 증거를 발견하면서 상황은 급변하였고, 그로 인해 면회가 전면 금지되었고, 간수들이 탈출을 계획하고 도우려 했으나 본회퍼는 이를 완강히 거절했다.

　그 모든 과정이 약혼녀 마리아와 주고받은 서신과 이 소설의 주인공인 성공회 신부와의 만남을 통하여 잘 드러나 있다. 이 책은 비록 픽션이기는 하나 역사적 사실에 기반하여 당시 급박했던 정치적 상황과 그의 치열한 신앙적 결단을 잘 보여주고 있다. 《본회퍼의 위대한 사랑》은 약혼녀 마리아와의 인간적인 사랑을 뛰어넘은, 창조주 하나님을 향한 궁극적인 사랑이었다. 고통과 역경 속에서도 신실하신 하나님의 인도하심을 바라보며 죽음의 두려움에서도 자유로워질 수 있는 확고한 믿음을 보여준 그의 삶은 한 인간의 위대한 신앙적 증언이라 할 수 있다.

이 작은 책을 통하여 하나님을 향한 그의 깊고도 강한 믿음과 사랑을 경험해 보길 바란다. 이 귀한 책을 번역한 친구 서은성 목사의 수고에 감사를 전한다.

2025년 3월
김승민 목사
전 장로회신학대학교 동문회장
현 대한예수교장로회(통합) 총회 임원
현 원미동교회 위임목사

역자 서문

　서점에서 우연히 '본회퍼'라는 이름의 책이 눈에 들어왔다.

　본회퍼라는 이름에 반가워서 책을 손에 들고 읽어 보니 본회퍼와 그의 약혼녀인 마리아 폰 베데마이어와의 이야기를 픽션과 논픽션 으로 쓴 소설이었다.

　재미있을 것 같아 바로 책을 샀다. 딱딱한 신학서적과는 다르게 비교적 쉬운 문장으로 쓰여진 소설이었지만 그 안에 담긴 메시지는 결코 가볍지 않았다. 그래서 이 책의 번역을 시도하였다.

　미쳐 날뛰는 히틀러의 정권 아래에서 사랑이 싹트기 시작하여 약혼까지 했지만 본회퍼가 사형을 당함으로 인간적인 사랑의 완성을 이루지 못한 약혼녀 폰 베데마이어의 애틋한 사랑이 담긴 소설이다.

　번역을 하는 과정에서 본회퍼의 순수하고 확고한 믿음을 깊이 마주하며, 그 믿음을 바탕으로 악에 맞서 용기있게 저항하는 행동에 깊은 감동을 받았다.

지금 우리가 겪고 있는 고통과 어려움이 아무리 크다 할지라도, 오직 하나님의 인도하심을 믿을 때만이 죽음과 모든 고통과 두려움에서 자유로워질 수 있다는 본회퍼의 믿음은 깊은 울림을 주었다.

비록 이 책이 소설에 불과하지만, 그 안에 담긴 메시지가 저와 모든 독자들에게 신실한 믿음을 심어주며, 더 나아가 이 믿음이 불의한 사회에 맞서 저항하는 목소리를 내고 행동까지도 할 수 있는 용기로 이어지기를 기대해 본다.

끝으로, 번역물 출판을 흔쾌히 승낙해 주시고 격려해 주신 쿰란출판사 사장님께 깊은 감사를 드리며, 특히 세심한 교정과 문장의 완성도를 높여주신 편집부장님께도 다시 한번 감사의 인사를 드린다.

2025년 3월
서은성

목차 contents

추천사 김승민 목사(전 장로회신학대학교 동문회장, 현 대한예수교장로회 (통합) 총회 임원, 현 원미동교회 위임목사) • 6
역자 서문 • 10

디트리히에게 • 15
   나는 믿는다 • 28
특별한 방문 • 30
   동료 죄수들을 위한 기도 • 48
클라인 크뢰신에서의 만남 • 51
   행복과 불행 • 69
할머니의 속임수 • 72
   그리스도인과 이방인 • 90
감방 92호 • 92
   요나 • 112
디트리히에게 • 114

테겔에서의 밤의 소리 • 127

면회 시기 • 130

과거 • 149

본회퍼의 위대한 사랑 • 153

나는 누구인가 • 170

결말 • 173

자유를 향해 가는 도상에서의 단계 • 190

이별 • 193

선한 능력으로 • 209

디트리히에게 • 212

에필로그 • 218

디트리히에게

 오! 디트리히! 모든 천사는 두려운 존재예요. 모든 것을 마음대로 할 수 있기 때문이지요. 인간에게 일어날 수 있는 모든 삶의 가능성 말이에요. 이해할 수 있겠어요?

 디트리히, 천사에게는 총체적으로 인간의 삶을 완성할 수 있는 능력이 있어요. 한 인간에 관한 모든 가능성을 알고 있는 것 같아요.

 만약 천사가 당신 앞에 서 있거나 잠을 자려고 할 때 당신의 머리맡을 빙빙 돌고 있다면, 아마 궁극적으로 한 가지 질문만 남게 될 거예요. 그것은 아주 불쾌하지만 냉철하고도 유혹적인 질문이 되겠지요. 바로 이런 질문이에요. 만약……그때 그런 일이 있었다면 나는 지금 과연 어떻게 되어 있을까……?

물론 나 역시 알고 싶어요. 만약 내 인생이 그때 다르게 흘러갔다면 어떻게 되었을까? 만약 그때 전혀 기대하지 않은 여러 가지 일이 일어났다면 나는 지금 과연 어떻게 되어 있을까?

예를 들면 이런 거예요. 만약 그들이 당신을 사형에 처하지 않았다면? 만약 당신이 그때 감옥에서 도망쳐 나왔다면? 만약 연합군이 히틀러의 미친 망상에서 독일을 구출하기 위해 더 빨리 왔다면? 만약 당신이 지금 여기에 나의 손을 꼭 잡고 나의 남편으로 내 옆에 앉아 있다면?

그렇다면 나는 아마 미국으로 오지 않았겠지요. 컴퓨터를 전공한 여자 공학도로서 나는 여기 보스턴으로 이민 와서 정착하지 않았을 거예요. 맞아요. 나는 아마도 베를린에서 한 목사의 아내가 되어 있었을 거예요. 위대한 저항 운동가의 아내, 마리아 본회퍼로 살아가고 있겠지요.

그렇지 않다면 당신은 아마 대학교에서 강의 자리를 얻었을 것이고, 우리는 대학이 있는 큰 도시 어딘가에 정착했을 거예요. 뉴욕, 스톡홀름, 런던, 바르셀로나……아마도 그런 도시였겠지요. 충분히 그럴 수 있었잖아요.

또 우리는 여섯이나 여덟 명의 자녀를 낳았을지도 몰라요. 사실 우리 둘은 모두 대가족 가정에서 자랐잖아요. 엄마 마리아! 아빠 디트리히! 아, 우리는 정말 멋진 가정을 이루었겠지요. 어쩌면 우리는 부모님의 저택으로 들어가 살 수도 있었을 거예요. 네, 그래요. 우리는 누구보다 엄청나게 행복한 가정을 이루고 살았겠지요. 당신과 나! 아마도, 아마도, 아마도……. 누가 알아요? 우리가 정말 그렇게 되었을지…….

디트리히! 나는 이러한 질문들이 20년 넘게 내 영혼을 갉아 먹고 있다는 것을 알지 못했어요. 이러한 상상 속 질문들은 계속해서 나를 압박하며 쫓아다녔어요. 잠잘 때뿐 아니라 깨어 있을 때조차도요. 이러한 질문들은 언제 어디서나 나를 고통스럽게 만들었고 나에게 엄청난 부담을 주었어요.

그렇지만 그러한 고통에 대한 책임에서 나 자신이 결코 자유로울 수만은 없었다고 생각해요. 왜냐하면 나는 줄곧 당신의 편지를 손에서 내려놓을 수가 없었기 때문이지요.

나는 아주 오래된 구겨진 편지 뭉치를 꺼내 묶여 있던 끈을 조심스럽게 풀어 당신의 편지를 천천히 읽곤 했어요. 우리가 함께 나눈 그 거침없는 비전과 미래에 대한 벅찬 희망에 반복적으로 몰입되곤 했지요. 당신이 감옥에 있었을 때 우리가 서로 주고받은 편지들은 추억에서 벗어나지 못하도록 나를 붙잡았어요.

디트리히! 당신의 글은 여전히 생생한 힘이 있어요. 당시 우리가 사랑을 나눌 수 있는 방법은 편지밖에 없었기 때문이지요. 빼곡히 적힌 편지들은 그때처럼 지금도 아주 생생하게 나를 감동시키고 있어요. 우리는 정말 서로 편지를 주고받으며 열정적으로 사랑했어요. 감격의 나날들이었지요. 그러나 그저 글로만…….

디트리히! 내가 왜 이 편지들을 많은 세월이 흐른 뒤에도 다시 꺼내보곤 하는지 아시나요? 그리고 이 편지들을 읽으며 왜 이루어지지 않은 일에 대해 상상해 보는지 말이에요. 당신은 이러한 내 마음을 느낄 수 있나요? 이 편지들은 나에게 끊임없이 새롭게 질문하게 해요.

만약 그때 그랬다면 지금 어떻게 되었을까? 이 질문은 내 뒤를 바짝 추격하며 괴롭혔어요. 그리고 내가 바로 지금 직시하고 있는 모든 현실적인 문제를 바꿔놓았지요. 왜냐하면 이 질문은 내가 하는 모든 일에 대해 허위의 대답을 끌어들였기 때문이에요.

그때 그랬었다면 이렇게 디트리히와 함께 있었을 텐데, 아마도 디트리히는 이 상황에서 이렇게 말했을 텐데, 아마도 디트리히와 나는 이러한 순간에 이렇게 했을 텐데…….

아, 이젠 그만! 나는 언젠가 정말이지 이런 생각을 그만 끝내야 해요.

당신은 언젠가 편지에 이렇게 썼지요. "나는 당신을 사랑해요. 내가 살아 있는 동안에, 그리고 죽음을 초월해서."

오! 디트리히! 당신의 그 말이 나를 얼마나 힘들게 만들었는지 짐작이나 할 수 있나요? 그것은 축복이 아니었어요. 그것은 마치 저주와 같았어요. 나를 완전히 초토화하는 잔인한 저주 말이에요. 옛날에 감옥에서 죄수들의 다리를 묶어 놓았던 철공처럼 당신의 사랑이 이처럼 내게 단단히 묶여 있다면, 내가 도대체 어떻게 자유로워질 수 있었겠어요?

"만약 그때 그랬다면 지금 어떻게 되었을까?"라는 생각이 시시각각 교묘히 엄습해오면서 나의 숨통을 조여올 때마다 당신의 편지들을 난로에 던져버리려고 벽난로 앞에 잠시 서 있기도 했었죠. 정말 나는 두 번이나 활활 타고 있는 불 앞에 서 있었어요. 나를 기진맥진하게 하고 정신적으로 힘들게 하는 우리의 사랑을 송두리째 불태워 버리기 위해서 말이에요. 그렇게 하기 위해서는 단지 하나의 근육만 필요했을 뿐이었어요. 털끝만큼 아주 작은 움직임만 필요했지요.

그런데 나는 그럴 수 없었어요. 당신은 정말 한때 내 삶의 한 부분이었기 때문이에요. 나는 당신으로 말미암아 비로소 지금의 내 자신이 되었으니까요. 그렇지만 끊임없는 '만약 그랬다면 어떻게 되었을까?'라는 질문은 나에게서 모든 에너지를 빼앗아 가요.

오, 디트리히! 나는 이제 더는 버틸 수가 없어요. 제발 나를 좀 내버려둘 수 없나요? 당신에게 간곡히 부탁해요······.

디트리히! 정말 아쉬운 것은 우리가 함께 찍은 사진이 없다는 거예요. 정말 단 한 장도 없어요. 사실 그리 놀랄 일은 아니지요. 우리가 함께 보낸 시간이 그리 많지 않았으니까요. 도대체 언제 누가 우리의 사진을 찍어줄 수 있었겠어요? 우리가 함께 지낸 그리 길지 않은 시간에 이런 사랑이 싹틀 수 있었다는 사실이 지금까지도 나를 당혹스럽게 해요.

그래서 나는 스스로에게 질문을 던지곤 해요. 내가 청소년기의 자유분방함과 어린아이 같은 순진함으로 당신에게 감정적으로 빠져든 것은 아닌지 말이에요. 이미 유명해진 신학자 디트리히 본회퍼가 나에게 관심을 보였다는 것은 아마 멋진 왕자를 기다리는 여자에게는 매우 기분 좋은 일이었음이 분명해요. 내가 이미 적어도 한 여자였다면 말이에요. 그때 나는 18세에 불과한 소녀였지요. 그 당시 사람들이 말했던 것처럼 나는 사랑과 인생에 처음 눈을 뜬 애송이 처녀였어요.

　우리 한번 솔직히 말해 봐요. 원래 우리 둘은 전혀 어울리지 않았어요. 나는 프로이센 독일의 지방 귀족의 딸이었고, 당신은 베를린 샤리테 병원의 교수 아들이었지요. 당신은 큰 도시의 중상류층 시민이었고, 그중에서도 진보적인 지식인이었으며, 경제적으로는 부르주아 계급에 속한 사람이었지요. 세상에!
　당신이 조국을 위한 전쟁에 나가려고 하지 않았던 것은 나의 아버지와 오빠에게는 아마도 모욕적인 일이었음이 분명해요. 그러나 이런 것이 우리 사이에 큰 방해물이 되지는 않았지요.
　그때를 회상하며 한번 터놓고 이야기해 봐요. 내가 열정적으로 즐기던 모든 것에 당신은 아무 관심이 없었어요. 춤추기, 말 타기, 스키 타기, 사냥하기, 예쁜 옷 입기 등. 이런 것은 당신에게는 단지 사소한 것이었고, 달리 표현한다면 이맛살을 찌푸리게 하는 무의미한 일이었을지도 모르지요. 아마 당신은 그런 일이 전혀 의미 없는 시간 낭비라고 생각했을 수도 있어요.

또한 나는 전형적인 귀족형이 전혀 아니었어요. 어머니는 언제나 핀잔하며 마치 내가 우리 집 부엌에서 일하는 하인들과 같은 이상한 성향을 가지고 있다고 말했어요. 왜냐하면 나는 귀족다운 예의범절이나 관습에 대한 교양을 전혀 갖추고 있지 않았고, 매우 야성적이고 자유분방한 데다 독립적이고 반항적이기까지 했으니까요. 그래서 할머니는 때때로 나를 "작은 마녀"라고 불렀답니다. 특히 내가 커다란 구멍이 뚫린 양말을 신고 야수처럼 온 집 안을 돌아다니며 춤을 추거나, 땀에 흠뻑 젖어 말에서 뛰어내릴 때면 그렇게 불렀어요.

그렇지만 나는 이런 것들을 엄청 좋아했어요. 어머니는 내가 앞으로 관습에 맞게 영주 부인의 역할을 잘 할 수 있도록 예의범절을 익히기 원했지요. 그러면서 내가 수학을 공부하겠다는 것이 매우 부적절하다고 생각했어요. 여자가 수학을 공부하다니! 그것이 여자에게 얼마나 어울리지 않은 낯선 모습인가! 하면서요. 어머니는 내가 노란색으로 칠해진 우리의 커다란 저택을 돌보고 우리와 함께 살고 있는 35명의 소작농 가족을 돌보는 안주인으로서 착실하게 살아가기를 기대했지요.

그 외에도 우리는 정기적으로 오페라와 연극을 관람하고 베를린의 사교 모임에 나가는 것을 당연하게 여겼어요. 이런 일은 거의 종교 행사와 같았고, 매번 성지순례처럼 거행되었어요. 디트리히! 우리의 이러한 예술적 자만에 대해 당신이 얼마나 가식적이라고 여기고 있었는지 나는 뚜렷히 기억하고 있어요.

어떤 경우에도 한 가지 분명한 것은, 우리 둘은 서로 다른 삶의 방식과 세계관을 맞추기 위해 매우 노력해야만 했다는 사실이에요. 그리고 어쩌면 그 모든 일이 단숨에 비극적으로 끝났을지도 몰라요. 그런데 당신이 감옥에 감금된 바로 그 사건으로 인하여 우리의 간격이 좁혀지고 이질감이 약화된 반면 우리가 지니고 있는 공통적인 면은 빛나게 되었지요.

오! 위대한 나의 사상가, 디트리히! 당신이 얼마나 자주 릴케를 비판하려고 했었는지……. 내가 사랑한 라이너 마리아 릴케(Rainer Maria Rilke)를 말이지요. 나는 그것을 결코 잊을 수가 없어요. 당신은 그의 시는 의미 있는 문학이 아니라 유치한 작품이라고 입을 삐죽거리면서 말하기도 했었지요.

실제로 당신은 심지어 당신의 친구 에버하트 베트게(Eberhard Bethge)에게도 이렇게 썼어요. "유감스럽게도 문학 분야에서 마리아와 나는 완전히 일치하지 않아. 그렇지만 이것은 단지 시간 문제라고 생각하네."

디트리히! 당신은 정말 그렇게 생각했어요? 정말로 당신은 내가 당신에게 순응할 것이라고 생각했나요? 천만에요! 왜냐하면 당신이 처음에 나에게 기대했던 것을 나는 정확히 기억하고 있기 때문이지요. 당신은 내가 얌전히 아달베르트 쉬티프터(Adalbert Stifter, 오스트리아의 시인·작가·화가, 주로 자연을 묘사하는 작품이 많음)의 작품을 마음에 새기며 읽어야 한다고 했지요. 쉬티프터의 끝없는 경치 묘사보다 더 단조로운 것은 없음을 20년이 훨씬 지난 지금도 당신에게 확실하게 말할 수 있어요. 그의 책은 너무 지루해서 곧바로 잠들게 해요.

오히려 릴케와 같이 감동적으로 작품을 쓰는 시인을 여자들은 그냥 이유 없이 좋아하지요.

낭만! 낭만! 여자들은 낭만적인 것을 좋아해요.

디트리히! 어쨌든 당신은 여자에 대해 아는 바가 별로 없었어요. 당신은 나를 만나기 전에 한때 좋아했던 사람이 있다고 했어요. 바로 당신의 대학 동기인 엘리자베스 진[Elisabeth Zinn, 신학박사이자 《나사렛 예수》의 저자인 신약학자, 에른스트 보른캄(Ernst Bornkamm)과 1938년에 결혼]이지요. 그러나 그녀와 헤어지고 나서 당신은 친구에게 여러 번 반복해서 독신의 삶을 꿈꾸고 있다고 얘기했다지요. 수도승 디트리히! 할렐루야! 기도와 노동(Ora et labora). 성부의 이름으로(In nomine patri)…….

당신은 나를 만나기 전까지는 그러한 수도사의 삶을 동경하기도 했지만, 나를 만남으로 모든 원칙을 집어던져 버렸어요.

적어도 당신은 우리가 만나고 나서 집으로 가는 도중에 나에게 확실하게 말했어요. 나와 함께 보낸 "아주 흥미로웠던 시간" 덕분에 그날 "비로소 문제가 풀렸다"라고. 그 말 한마디만으로도 나는 기분이 매우 좋았답니다. 이처럼 학식 있고 유명한 남자가 나를 통해 이런 생각을 했다는 것만으로요.

만약 그랬다면 과연 어떻게 되었을까요? 우리 둘이 함께 이 세상에서 천국을 경험했을까요? 누가 감히 그것을 자신 있게 말할 수 있겠어요? 누구도 그것을 말할 수 없기 때문에, 이러한 풀리지 않은 질문은 나를 가만히 내버려두지 않았어요.

물론 가끔씩 며칠간 또는 심지어 몇 주 동안 당신을 생각하지 않는 것에 성공할 때도 있었어요. 그러나 그다음에 다시 화살처럼 옛날 기억이 떠올라 내 마음의 깊은 상처 위에 또다시 새로운 상처를 얹기도 했어요.

그래서 내가 당신에게 이러한 상황에 대해 이야기하고 있는 거예요. 또한 한 예수회 신부님이 지난주에 나에게 장문의 편지를 사무실로 보내왔기 때문이에요. 그 편지에서 그는 나와 만날 수 있는지 물었어요. 그 신부님은 기꺼이 당신에 관해 이야기하고 싶어 했어요.

'안 돼요!'라고 나는 마음속으로 외쳤어요. 왜냐하면 당신에 관한 대화가 오랫동안 나를 괴롭힌 모든 절망감과 불확실한 것을 다시 새롭게 수면 위로 떠올릴 수 있음이 확실했기 때문이지요. 나는 그것을 결코 원하지 않아요. 그럼에도 한편으론 "그렇지만 언젠가는 당신에 대한 집착을 끝내야만 해요. 나는 이제 이러한 삶을 원하지 않습니다"라는 마음도 있었죠.

지금까지 나는 당신에 관해 말하는 것을 계속 거절했어요. 그러나 이제 때가 된 것 같아요. 다시 한번 과거로 빠져 들어가야 하는 시간이 왔어요. 나를 힘들게 한 당신과의 모든 과거가 나에게서 영원히 지나가버릴 수 있게 하기 위해서 말이지요.

그것을 시도하는 것은 매우 가치가 있을 거라고 확신해요.

디트리히에게

나는 믿는다

나는 하나님께서 모든 것 심지어 악한 상황에서도
선을 만들어내실 수 있고,
또 만들어 내시길 원하신다고 믿는다.
이를 위해서 하나님께서는 선을
이루어나갈 사람들을 필요로 하심을 나는 믿는다.

하나님께서는 우리가 겪는 모든 위험한 상황에서
저항하고 이겨낼 수 있는 힘을
우리에게 기꺼이 주기를 원하신다고 나는 믿는다.

그럼에도 하나님께서 그것을 미리 주시지 않음은
우리가 우리 자신을 믿지 않고,
오로지 하나님만 믿고 의지하게 하기 위함이라고 믿는다.
하나님을 신뢰하는 믿음 안에서만
미래에 대한 모든 불안을 극복할 수 있다고 나는 믿는다.

또한 우리 실수와 과오가 헛된 것이 아니라는 것과
하나님께서는 우리의 선행보다
우리의 과오를 용서해 주시는 것이 더 어렵지 않다고
나는 믿는다.

하나님께서는 우리 삶과 거리가 먼 초월적인 분이 아니라,
오히려 정직한 기도와 책임 있는 행동을 기다리시며
기꺼이 응답하시는 분임을 나는 믿는다.

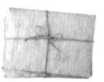

특별한 방문

커튼과 창틀 사이의 가느다란 틈새로 햇살이 방으로 비쳐 들어오고 있었다. 창 밖의 거리를 잘 볼 수 있도록 마리아는 커튼을 조심스럽게 한쪽으로 당겼다. 아직까지는 울타리 사이로 아무도 보이지 않았다. 바로 옆집에 사는 이웃은 정원의 잔디를 깎는 일에 몰두하고 있었으며, 건너편 황토색 집에서는 여러 명의 아이가 느슨해진 트램펄린 위에서 소리를 지르면서 뛰어놀고 있었다.

마리아는 마음을 가라앉히기 위해 가슴에 손을 얹었다. 그녀는 마음만 먹으면 언제든지 그를 단숨에 되돌려 보낼 수 있었다. "죄송하지만 당신은 헛걸음을 했습니다. 당신의 방문이 나에게 좋은 영향을 줄 것 같지 않아서 나는 매우 두려워하고 있답니다."

물론 마리아는 그 남자에게 결코 그렇게 예의 없게 대하지는 않을 것이다. 그러나 그녀가 그렇게 할 수 있다는 생각만으로도 자유로워졌다. 실제로 매우 자유로워졌다. 그녀는 어떤 순간에도 거절할 수 있었다. "고마워요. 이게 다예요!"

그녀가 깊이 숨을 내쉬고 커피가 놓여 있는 식탁으로 가려고 한 바로 그때, 포드 자동차인 무스탕 한 대가 담쟁이 넝쿨이 늘어진 모퉁이를 돌았다. 과거에서 굴러 들어오는 전령처럼 그 운전자는 속도를 줄이고 여러 번 여기저기 둘러보면서 목적지인 그녀의 집 입구로 차를 몰았다.

깜짝 놀라 손을 뒤로 한 마리아는 자신에 대해 화가 났다. 분명히 그 남자는 그녀의 집 커튼이 움직이는 것을 보았을 것이라고 생각했다. 그리고 그녀가 자기를 주시하고 있었다는 것을 알아챘을 것이라고 여겼다. '그는 나에 대해 어떻게 생각했을까? 머릿속으로 무슨 생각을 했을까?'

마리아는 그 운전자가 자동차에서 어떻게 내리는지 얇은 커튼을 통해 희미하게나마 지켜보았다. 여름에 매우 더울 것 같은 면으로 된 갈색 모자를 눌러 쓴 젊은 남자는 기껏해야 30대 초반으로 보였다.

그 방문객은 무스탕 자동차를 빙 돌아 운전석 옆자리에 있던 밝은색 가죽 가방을 꺼내 종종 걸음으로 출입문 쪽으로 왔다. 마리아는 초인종 소리가 사라질 때까지 기다렸다가 재빨리 가서 문을 열었다.

방문자는 목례로 인사하며 약간 놀라는 표정으로 그녀를 바라보았다.

"마리아? 마리아 폰 베데마이어? 음……아니면 여전히 벨러 씨로 부르시나요?" 그는 어깨를 으쓱했다. "죄송합니다. 좀 긴장이 되는 것 같군요. 제가 이미 당신에게 방문 계획을 알려 드렸지요."

마리아는 그가 아이처럼 긴장하고 있는 것을 보자 갑자기 웃음이 나왔다. 그녀는 친절하게 손님에게 악수를 청했다.

"그냥 마리아라고 부르세요. 이리로 들어오세요."

그녀는 젊은 남자에게 옷걸이가 있는 곳을 가리키고는 거실로 안내했다. 그리고 거실에 놓여 있는 커다란 안락의자를 가리키며 말했다. "자, 여기 앉으세요. 부엌에서 뭘 좀 가져올게요. 음악 좋아하시나요?"

책장에 놓여 있는 눈처럼 흰 트랜지스터 라디오, 제니스 로얄

50(Zenith Royal 50, 1962년 미국산)을 켰을 때 그녀는 깜짝 놀라 몸을 움찔하였다. 라디오에서 아주 요란한 소리가 터져 나올 것이라고는 전혀 예상하지 못했기 때문이었다. 그래서 그녀는 다시 웃음을 터트렸다. 그로 인해 두 사람 사이의 긴장된 분위기는 좀 완화되었다.

그녀는 손님을 바라보면서 말했다.

"이 노래를 아세요? 이 노래는 영국의 록밴드인 비틀즈의 여덟 번째 정규음반 '페퍼 상사'(Sgt. Pepper's Lonelz Hearts Club Band)예요. 이 앨범은 몇 주 전에 처음 발매되었는데, 그 이후로 모든 방송에서 흘러 나오고 온 나라를 뒤흔들고 있지요. 이 노래는 나의 청소년 시절 음악과 정말 매우 달라요.

마지막으로 한 가지 덧붙여 말하면, 비틀즈는 이제 라이브 콘서트를 하지 않으려 한다고 하네요. 팬들이 자제력을 잃고 지르는 소리가 음악보다 더 크게 들리기 때문이래요. 얼마나 정신 나간 시대인가요!

소위 '버섯 머리' 모양을 한 네 명의 음악가는 현대인의 삶의 감정을 살리기 위해 몇 달간 이 노래를 다루었대요. 바로 지금 믿기 어려울 정도로 이 시대가 많이 변화하고 있기 때문이지요. 심지어 1967년 여름은 모든 히피족들 때문에 아마도 '사랑의 여름'으로 일컫는 역사적인 해가 될 것이라고 말하기도 해요.

그런데 내가 지금 무슨 이야기를 하고 있지요? 음악을 그대로 틀어 놓을까요? 네? 좋아요. 금방 다시 올게요."

그녀는 가볍게 몸을 흔들면서 음악의 리듬에 맞추어 부엌으로 사라졌다.

몇 분 후 마리아는 앙증맞게 장식된 마모아 빵을 담은 에타제레(케이크 스탠드)를 가지고 돌아와 안락의자 옆에 있는 둥근 탁자에 놓았다. 그리고 초를 켜고 손님과 자기의 찻잔에 조심스럽게 차를 따랐다.

그녀는 잠깐 머뭇거리다가 라디오 앞으로 가서 다시 라디오를 껐다. 스위치의 딱 소리와 함께 팝 음악은 멈추었다. 아니, 마치 누군가가 음악가에게 침묵하라고 명령한 것 같았다.

이젠 마치 손으로 거의 붙잡을 수 있을 것 같은 적막함이 흘렀다. 잠시 마리아는 음악을 다시 켜야 할지 생각하다가 방문객 쪽을 향해 마주 보고 앉았다.

"어서 드세요!"

에타제레를 가리키는 그녀의 검지가 약간 떨렸다. 그녀는 아주 어색하게 자기 손가락을 거두었다.

젊은 남자가 빵을 집기 전 갑자기 그녀가 말을 꺼냈다.

"글쎄요, 내가 왜 당신을 초대했는지 아직도 저는 잘 모르겠어요. 비서가 당신의 편지를 나에게 전달해 주었을 때 바로 생각했지요. 아! 또 나를 귀찮게 하는 사람이 왔네……. 어떤 신학자는 디트리히가 감옥에서 제게 보낸 편지들을 어떻게든 갖고 싶어 했지요."

그녀는 안락의자에 앉아 있는 상대방을 냉정하게 바라보며 깊은 저음으로 소리를 변조해서 말했다.

"존경받는 순교자 본회퍼가 나치에게 감금되어 있었을 때 당신에게 써 보낸 귀중한 편지들을 우리에게 주십시오, 제발! 이 세상은 그의 가치 있는 생각을 필요로 합니다. 신앙의 영웅인 디트리히가 어떠한 사려 깊은 정신적인 통찰을 우리에게 남겼는지 우리 모두는 알고 싶어 합니다. 그의 글을 모든 기독교인과 나누는 것이 당신의 의무입니다."

그녀의 비웃는 소리가 온 방에 울려 퍼졌다. "이 일은 오래전 일이 아니에요. 얼마 전 한 남자가 달러로 가득 채워진 두꺼운 봉투를 들고 여기 문 앞에 서 있었어요. 그는 디트리히의 편지를 벼룩시장에서 물건을 사는 것처럼 나에게서 살 수 있다고 확신했던 것 같아요. 내가 거절하자 그는 히죽 웃으면서 금액을 올리며 흥정하기 시작했어요. 두 배의 가격을 제시했을 때 나는 매우 역겨웠어요."

안락의자에 앉아 있는 그 남자는 침묵하고 있었다.

마리아는 차를 빨리 마시려다 너무 뜨거워 찻잔을 급하게 내려놓았다. 그녀는 지금 자신이 말한 것에 대해 스스로 매우 놀라워했다.

한숨을 쉬면서 일어난 그녀는 몇 발자국을 목적 없이 거닐었다. 그러다 갑자기 멈춰서서 손님에게로 돌아섰다. 그리고 조심스럽게 말했다.

"죽은 디트리히 본회퍼의 약혼녀로 20년 이상 산다는 것이 어떤 것일지 혹시 상상할 수 있겠어요? 평생을 한 남자의 신부로 살아간다는 거 말이에요. 영원히 선택된 여자로 존재한다는 것 말이지요.

아니, 당신은 결코 상상할 수 없을 거에요. 내가 계속 말해도 될까요? 이것은 인간 존재 자체를 지배하는 검은 그림자와도 같은 것이랍니다. 나에게 찰싹 달라붙어 버린 이 어두운 그림자를 나는 도무지 떨쳐버릴 수가 없었어요.

그래서 나는 대학 시절에 일찍 여기 미국 펜실베이니아의 브린마워(Bryn Mawr)로 왔어요. 내가 독일 괴팅겐 대학에 다닐 때 학교 식당에서든, 운동 서클에서든, 친구들과의 파티에서든, 어디서나 사람들이 항상 똑같은 말과 태도로 나에게 끊임없이 질문하는 것을 더는 참을 수가 없었기 때문이죠.

나는 대부분 나 자신을 제대로 소개하지 못했어요. 구체적으로 말씀드리자면 이런 식이었죠. '아, 네가 마리아 폰 베데마이어구나. 그 마리아 폰 베데마이어! 정말 믿기가 어려운데……한번 말해봐, 너의 약혼자는 어땠니? 디트리히 본회퍼 말이야. 그 용감하고 품위 있는 사람, 누구와도 비교할 수 없는 본회퍼에 대해 우리에게 이야기해 줘, 제발!'

한 가지 분명하게 말할 수 있는 것은, 몇십 년간 한 성직자의 약혼녀로 살아간다는 것은 결코 즐거운 일이 아니라는 사실입니다. 당신은 아마 내 말을 이해할 수 있을 거예요.

거의 누구도 나에게는 관심이 없었어요. 대부분의 사람에게 나는 항상 디트리히의 삶을 알기 위한 만남의 광장으로만 남게 되었지요. 그들은 나를 보면서 '본회퍼'를 생각했어요. 내 이름을 듣고는 디트리히를 가까이 두길 원했어요. 심할 정도로요."

마리아는 오랫동안 눈을 감고 있었다. 그런 다음 다시 의자에 앉았다. 그녀는 계속해서 조용히 말했다.

"당신도 이미 알고 있겠지만 나는 두 번 결혼했어요. 그 후 어떻게 되었을까요? 두 번의 결혼 모두 실패했어요. 어디에 문제가 있었는지 알아내기 위해 훌륭한 심리학자가 될 필요는 없을 거예요. 아니, 그건 어찌 보면 매우 자연스러운 결과였어요. 믿을 수 없을 정도로 단순했지만 적지 않게 당황스러운 일이었지요. 디트리히는 과거의 약혼자로 항상 나와 같이 있었어요. 마치 유령처럼 말이에요. 눈에 보이지는 않지만 늘 내 곁에 있는 동반자처럼요.

그러나 나는 너무 순진했어요. 아니, 다른 말로 표현하면 사려 깊지 못했다고 할 수 있지요. 상상할 수 있겠어요? 첫 번째 결혼식에서 나는 정확히 디트리히와 우리의 결혼식을 위해 미리 정해 놓았던 '하나님을 찬양합시다'라는 곡을 선택했어요. 결혼식에서 그 노래를 부르도록 했어요. 또 주례 목사님이 읽었던 시편 말씀은 내가 원래 디트리히와의 결혼식을 위해 선택했던 것이었지요.

이 모든 것은 내 남편이 된 파울 베르너(Paul-Werner Schniewind,

신학자의 아들이며 법학과 졸업, 1948년 결혼, 1955년 이혼)에게 공평하지 못한 것이었지요. 시간이 지나면서 나는 그 사실을 명백히 알게 되었어요. 그래서 얼마나 나 자신을 질책했는지 신부님은 아마 모를 거예요. 무의식적으로 나는 디트리히를 결혼식장에서 바로 내 옆에 세웠던 것이지요. 정확히 말하자면 나의 다른 한쪽에요. 두 명의 신랑이라니……. 오, 맙소사!

전쟁이 끝날 무렵 디트리히와의 약혼 시절에 그와 함께 정열적으로 꿈꾸었던 결혼 생활을 나는 당시 남편인 파울 베르너에게 똑같이 적용했던 거였어요. 당연히 결혼 생활이 제대로 이어질 수 없었지요. 그리고 실제로 결혼은 실패했습니다.

슬픈 일은……어떻게 말해야 할지 모르겠지만……플로센뷔르크(Flossenbürg)의 강제수용소에서 끝내 죽은 디트리히를 어떻게 해서든 구출해 보려고 내가 머리를 쥐어짜며 안간힘을 다해 시도하고 있다는 것을 알게 되었을 때 남은 것은 결국 다 허무한 일이라는 것이었어요.

그리고 과거의 꿈과 그리움을 떨쳐버릴 수 없다는 것을 알게 되고, 또 정확하게 그것들로 인해 새로운 꿈에 대한 어떤 여지가 없다는 것을 알면 모든 것이 부질없는 것으로 남게 된다는 거예요.

디트리히와 내가 원했던 부부관계를 파울 베르너와 함께 이루어보려고 얼마나 많이 시도했는지 몰라요. 그런데 그것이 옳지 않다는 것을 알게 되었을 때는 이미 때가 너무 늦어 버렸지요. 이런 어처구니없는 삼각 관계는 결국 우리의 모든 관계를 망치고 말았어요. 파울 베르너와 나, 그리고 우리의 두 아들 크리스토퍼와 파울 사이의 관계를 모두 망치는 결과를 가져왔지요."

마리아는 에타제레 그릇에서 마모아 빵을 집어 한입 물었다. 그리고 잠시 시선을 커튼에 둔 채 생각에 잠겼다.

"또 나를 슬프게 하는 것은 때로 무언가 잘못되었다는 것을 발견하고 난 다음에 그것과 정확히 반대되는 일도 잘못된 일일 것이라는 사실을 미처 깨닫지 못하는 것입니다. 내가 방금 언급했던 것처럼 말입니다. 다시 말씀드리면, 나는 디트리히와 함께 시간을 보내면서 꿈꾸었던 모든 멋진 것을 당시의 남편인 파울 베르너에게서 현실화하려고 노력했던 것이지요.

그리고 나는 두 번째 남편 바톤 벨러와는 정확하게 정반대로 살았어요. 나는 더 이상 수학을 전공한 사람으로서, 또 컴퓨터 회사의 여성 경영자로서의 활동을 꿈꾸지 않고, 오히려 얌전히 집에만 있었고 남편 바톤에게 모범적인 아내가 되려고 했어요. 그리고 오로지 나의 두 아들과 의붓딸 수에게 헌신적인 엄마가 되려고 노력했어요. 또 교회에서 다양한 활동도 하였고, 디트리히와 함께 하고 싶었던 삶과는 전혀 다른 삶을 살려고 했습니다.

그러나 이 역시 순리에 맞지 않았어요. 나는 내 자신을 그렇게 속였던 것뿐이에요. 아시다시피 만약 사람이 그 어떤 무언가로부터 끊임없이 경계를 지으려고 하면, 그것은 여전히 그 사람을 지배하는 힘을 지니게 됩니다. 내 경우에는 디트리히로부터 거리를 두려고 한 것이 오히려 그에게 나를 지배하는 강력한 힘을 부여한 것이지요. 결국 나는 여전히 그의 영향력에서 벗어날 수 없었던 것입니다."

그녀는 마지막 빵 조각을 입에 집어넣고 삼키더니 곧 사레에 걸려 여러 번 기침을 했다. 방문객이 일어나 등을 두드려 주려고 하자 그녀는 손을 저어 흔들면서 거절했다.

그녀는 찻잔에 차를 다시 따른 다음 한숨에 마셨다. 차는 여전히 뜨거웠다.

눈을 감은 채 마리아는 모든 것이 진정될 때까지 기다렸다. 그리고는 앞으로 몸을 구부리면서 말했다.

"내가 당신에게 왜 이런 모든 것을 이야기하고 있는지 모르겠군요. 당신이 신부님이라서 그런 걸까요? 예수회 신부님! 이런 것도 일종의 고백성사가 되나요? 잘 모르겠지만요.

그러나 신부님께서 자신의 머리에 있는 흉칙한 종양과 참을 수 없는 고통에 대해 쓴 편지는 진정으로 나를 감동시켰습니다."

그녀는 일어나 옷장으로 가더니 첫 번째 서랍을 잡아당겼다. 그리고 다시 돌아섰을 때 그녀의 손에는 편지 한 통이 쥐어져 있었다.

"기억하시나요, 신부님? 신부님이 나에게 편지를 써서 보내셨지요."

그녀는 그 편지를 큰 소리로 읽었다.

"나는 본회퍼의 신학에는 관심이 없습니다. 당신의 약혼자가 어떻게 아픔과 고통을 견딜 수 있었는지를 알고 싶을 뿐입니다. 그런 어려운 상황에서도 어떻게 그런 가치 있는 완성된 삶을 살 수 있었는지, 심지어 죽기 위해 교수대 단에 올라갈 때조차도 말입니다."

마리아는 다시 의자에 앉았고, 편지를 무릎에 놓으면서 반대편에 앉아 있는 상대방을 주의 깊게 바라보았다.

"당신은 첫 번째 사람이에요. 디트리히의 편지를 단순히 가지고 싶어 하거나, 박식한 신학자로서의 본회퍼에 대해 나와 대화를 나누고 싶어 하지 않고, 오히려 디트리히 본회퍼라는 한 인간에 대해 알고 싶어 한 첫 번째 사람이었습니다. 내가 당신의 편지를 읽고 알게 된 것처럼, 당신은 신학이라는 학문의 진척을 위해 또는 어떤 한 교회의 관심사로 무언가를 얻기 위해 나를 방문한 것이 아니라, 당신의 개인적인 고통을 극복하기 위해 오셨어요. 내가 제대로 이해한 건가요?"

그 젊은 남자는 고개를 끄덕이며 거친 목소리로 대답했다.

"맞습니다. 나는 어떻게 그가 그 엄청난 고통을 극복할 수 있었는지 알고 싶고, 어떻게 그것을 이겨냈는지 알고 싶습니다. 그를 엄습한 그 모든 공포에도 말입니다. 거기에 어떤 비밀이 있지 않을까 싶습니다. 마리아! 나는 지금 내가 겪는 두통, 수술, 의식을 잃고 쓰러지는 일을 더는 혼자 참아낼 수가 없을 것 같습니다. 더는 못 하겠어요. 그리고……."

그는 주저하면서 말했다.

"나의 고통은 나의 신앙을 갉아 먹고 있습니다. 유감스럽게도 나의 믿음과 확신은 점점 더 약해져 가고 있습니다. 나는 당신의 약혼자가 감옥에서 쓴 편지들을 읽고 나서 생각했습니다. '어떻게 그럴 수 있었을까? 어떻게 그는 그러한 것을 해냈을까? 그 비

밀이 무엇일까?'

나는 고통으로 인해 점점 더 하나님에게서 멀어진다는 느낌을 떨쳐버릴 수가 없는데, 디트리히 본회퍼는 극심한 고통을 통해 오히려 점점 더 하나님께로 가까이 가게 되었다는 사실을 깨닫게 되었습니다. 그러면서 생각했습니다. 당신은 아마도 나에게 디트리히에 대해 무언가 이야기해 주실 수 있을 거라고요. 그가 감옥에서 어떻게 어려움을 극복해냈는지, 나치에 대한 적대감과 불안과 절망의 어두운 시간을 어떻게 이겨냈는지에 대해 설명해 주실 수 있을 거라고 생각했습니다. 적어도 그가 그러한 고통을 알고 있었다면 말입니다.

내가 당신에게 편지를 쓰게 된 것은, 당신의 약혼자가 출판한 책을 거의 다 읽고 그의 글을 신뢰하게 되었음에도 거기서 내가 찾고자 한 것을 찾지 못했기 때문입니다. 그가 쓴 대부분의 책은 훌륭하고 나에게 영감을 주었지만, 그의 신앙을 그토록 강하게 만든 비결은 설명해 주지 않았습니다. 그래서 나는 당신이 그에 대해 알고 있는 것, 즉 어느 누구도 알지 못하는 그에 대한 비밀을 나에게 말해주기를 기대하게 된 것입니다. 디트리히 본회퍼는 어떻게 인간이 경험할 수 있는 최악의 상황에서도 그토록 강한 믿음을 소유할 수 있었을까요?

마리아! 나는 당신이 말해주는 이야기가 나로 하여금 좌절을 끝내고 다시 확고한 기반에 서도록 도와줄 수 있기를 기대합니다. 그 외에는 바라는 것이 없습니다."

그는 두 손을 모았다.

"제3제국 시기(1933~1945)에 고통스럽게 경험한 것을 지금 또 겪는 일이 당신에게 결코 쉽지 않다는 것을 잘 압니다. 그래서 나에게 기꺼이 호의를 베풀어주실 것을 정중하게 부탁드리는 것입니다. 내가 당신에게 찾아온 것을 살려달라고 도움을 요청하는 소리로 들어주십시오. 절망의 바다에 빠져 죽어가는 나의 영혼을 살리기 위해 허우적거리는 마지막 몸부림으로 봐주십시오. 이런 말이 어느 정도는 지나치게 들릴 수도 있을 것입니다. 그래도 내 말을 부디 믿어주시기 바랍니다. 정말입니다!"

마리아는 일어나 손님의 얼굴을 더 잘 보기 위해 불을 켰다. 이어 헛기침을 하고는 깊은 생각에 잠긴 채 손으로 의자의 팔걸이를 쓰다듬었다.

"음……디트리히! 내가 신부님께 무엇을 먼저 설명해야 할까요? 어디서부터 시작해야 할까요? 나는 '영웅 본회퍼'에 대해서는 어차피 잘 설명할 수 없습니다. 여러 해 동안 이런 목적을 위한 만남은 단호히 거절해 왔지요. 나는 단지 내가 사랑했던 디트리히만 설명할 수 있어요. 2년 동안 나의 사랑의 전부였던 수감자 디트리히에 대해서만 이야기할 수 있어요. 이상주의자였던 그의 이야기가 나의 이야기와 서로 밀접하게 연결되어 남아 있는 것에 대해서만 말해줄 수 있을 것 같습니다.

덧붙여 말한다면, 나는 신학자가 아니라 자연 과학을 공부한 사람입니다. 신앙인들이 특별한 영적 갈망을 충족시키려는 것에 대해 나는 평소 늘 혐오해 왔습니다. 이러한 태도는 매우 마음에 거슬리거든요. 그러나 당신이 실제로 단지 디트리히라는 남자, 남자 친구이자 나의 약혼자인 디트리히에 대해 알기를 원한다면 당신을 기꺼이 도울 수도 있을 것 같아요."

다시 조용히 그녀가 덧붙여 말했다.

"그리고 이것이 어쩌면 나에게도 도움이 될지 누가 알겠어요!"

그녀는 아랫 입술을 살짝 깨물었다. 그리고는 단호한 목소리로 말했다.

"그가 어떻게 고통을 참아냈는지 알고 싶으세요? 그것에 대해 말할 수 있는 것은, 디트리히는 아주 단순하게 하나님의 인도하심을 믿었다는 것입니다. 아마 당신도 그가 동료 죄수들을 위해 적었던 기도문을 알고 있을 거예요. 내가 보기에는 바로 그 기도문에 디트리히가 보여준 용기 있는 행동의 비결이 명백하게 담겨있습니다. 기도문을 들어보시겠어요?"

동료 죄수들을 위한 기도

내 안에 어두움이 있지만

당신 안에는 빛이 있습니다.

나는 외롭지만

당신은 나를 떠나지 않습니다.

나는 무기력하지만

당신에게는 도움이 있습니다.

나는 불안해하지만

당신의 평화는 여기에 있습니다.

나는 당신의 길을 이해하지 못하지만

당신은 나를 위한 길을 알고 있습니다.
올바른 길을······.

하나님! 절망을 이길 수 있는
믿음을 나에게 주소서.
무기력이 사라지도록
희망을 나에게 주소서.
괴로움을 쫓아내는
사랑을 나에게 주소서.
언제나 내 곁에 머물고 있는
그리스도를 보게 하소서.

나는 당신의 길을 이해하지 못하지만
당신은 나를 위한 길을 알고 있습니다.
올바른 길을······.

나는 당신의 은혜를 믿습니다.
나를 당신의 손에 전적으로 맡깁니다.

동료 죄수들을 위한 기도

부디 내 주변의 모든 사람을 돌보아주소서.

나는 그들을 당신의 보호 아래 맡깁니다.

내가 살든지 죽든지

나는 당신에게 있습니다.

내가 살든지 죽든지

당신은 나에게 있습니다.

나는 당신의 길을 이해하지 못하지만

당신은 나를 위한 길을 알고 있습니다.

올바른 길을······.

클라인 크뢰신에서의 만남

 동료 죄수들을 위한 기도문을 외운 후 마리아는 멍하니 창밖을 바라보았다. 그 기도문은 확실히 그녀에게 긴 여운을 남겼다. 갑자기 그녀는 마치 잠에서 깨어난 것처럼 자기 앞의 손님을 바라보며 웃었다. 아이처럼 악의 없는 순진한 웃음을 짓더니 얼굴이 밝아졌다. 그리고는 짓궂게 오른쪽 어깨를 약간 치켜올리며 말했다.
 "디트리히와 나! 어디서부터 시작하면 좋을까요? 음, 잠깐만요……1942년 여름……정확히 6월 초여름에 모든 것이 시작되었습니다. 독일은 그 당시 이미 3년 전부터 전쟁을 하고 있었어요. 아버지와 오빠가 전방에서 싸우고 있어서 내 주변은 온통 불안으로 가득했지요."

마리아는 본격적으로 이야기를 시작하기 전에 잠시 망설이더니 머리를 가볍게 흔들면서 물었다.

"혹시 '의무의 해'(Pflichtjahr) 제도가 무엇인지 알고 계신가요? 아마 잘 모르실 겁니다. 그것은 아돌프 히틀러가 1938년에 25세 이하의 모든 여자는 1년간 농촌이나 가정에서 의무적으로 일하도록 했던 제도입니다. 가정주부와 엄마로 준비시키기 위해, 그리고 농가의 엄청난 노동력 부족을 채우기 위한 것이었지요.

비록 남자들이 러시아나 프랑스의 참호에서 전쟁을 하고 있을지라도 반드시 추수는 해야 했거든요. 이미 말씀드렸듯이 나도 의무의 해를 알텐부르크에 있는 개신교 사회복지기관인 막달레네(라이프치히 근교에 있는 사회복지기관)에서 시작하기로 했어요.

그 일을 시작하기 전에 나는 전에 잠깐 살았던 외할머니 댁을 다시 한번 방문하려고 했지요. 당신도 아마 나의 할머니 룻 폰 크라이스트 레조(Ruth Ven Kleist-Retzow)에 대해 들어서 알지도 모르겠군요. 할머니는 저항적이고 논쟁적인 신학자 디트리히 본회퍼에게 클라인 크뢰신(Klein-Krössin, 본회퍼와 저항 운동가들이 비밀리에 만난 장소)에 있는 할머니의 집 다락방을 사용하도록 하셨어요.

그가 거기서 조용히 윤리에 관한 책을 집필할 수 있도록 말입니다. 아무튼 내가 마지막으로 디트리히와 친밀하게 서로 마주 보고 있었던 때가 참으로 까마득하군요."

마리아는 라디오가 있는 옷장 모서리에 걸터앉아 옛날 이야기를 끄집어내기 시작하였다. 마치 오래전부터 누군가를 통해 이 이야기를 풀어내기를 원했던 것처럼.

외투를 걸친 채로 웅장한 집의 긴 복도로 막 들어가기 전, 나는 피아노 소리가 건너편에서 흘러나오는 것을 들었다. 어쩌면 쇼팽의 애수에 찬 작품 중 하나일 것 같은 매우 아름다우면서 동시에 부드럽게 춤을 추는 듯한 이 피아노 소리는 확실히 할머니가 치는 것이 아님을 나는 곧바로 알아차렸다. 그것은 마치 누군가가 자기의 삶에 대한 독특한 해석을 피아노 선율에 실어 연주하고 있는 것 같았다.

별다른 이유가 없었음에도 나는 반쯤 열린 문 뒤에서 매력적인 선율을 살짝 엿들으며 발꿈치를 들고 살금살금 거실 입구 쪽으로 걸어갔다. 그리고 그랜드 피아노와 완전히 혼연일치가 된 듯한 피아니스트를 호기심을 가지고 바라보았다.

디트리히가 청소년기에 한동안 음악을 전공하려고 하였던 것은 놀라운 일이 아니었다.

당시 나는 막 열여덟 살이 되었다. 그는 서른여섯 살, 즉 나보다 두 배나 많은 나이였지만, 그의 음악에선 나이가 느껴지지 않았다. 그가 피아노 앞에 앉아 멋진 소리를 내고자 열중하고 있을 때, 그는 마치 열네 살 소년처럼 보이기도 하고, 어쩌면 여든네 살 노인처럼 보이기도 했다.

그는 오랫동안 소리가 울리도록 마지막 화음에 피아노 페달을 밟으면서 뒤쪽을 돌아다보며 익살스럽게 말했다. "내가 보기에 손님이 온 것 같습니다!"

그랜드 피아노 뒤쪽 소파에 앉아 있던 할머니는 벌떡 일어나 나에게로 달려왔다.

"마리아! 벌써 도착했구나? 아휴, 반가워라! 어서 와라. 디트리히 본회퍼 목사님을 기억하고 있지? 분명히 기억할 거야!

목사님은 이제 막 스웨덴 여행에서 돌아오셨단다. 여행

하는 동안 스톡홀름에서 영국 치체스터의 주교 조지 벨 (George Bell)을 만나셨대"(영국교회 주교이자 에큐메니컬 운동가였던 조지 벨은 본회퍼와 가까운 친구로 제2차 세계대전 중 평화와 화해 사업으로 널리 알려짐).

할머니는 당시 무성영화에서 여자들이 그랬던 것처럼 연기하듯 손을 입으로 갖다대고 손님 쪽을 바라보면서 소곤거리며 말했다. "내가 이렇게 사실대로 말해도 되는지 모르겠어요. 제가 혹시 잘못 말했다면 목사님이 정정해 주세요."

그 말에 디트리히는 매우 큰 소리로 웃기 시작했다. 그리고는 일어나 나에게 다가오면서 할머니에게 말했다.

"안 되지요. 절대로 이런 이야기를 말해서는 안 됩니다. 당연히 해서는 안 되지요. 그러나 나는 마리아가 비밀을 지킬 거라고 확신합니다."

그는 비밀이라는 듯 손가락을 입술에 대며 나에게 윙크했다. 그리고 나에게 악수를 청했다. 그의 손은 아주 기분 좋게 따뜻하면서도 힘이 있었다.

그 사이에 할머니는 해야 할 말을 다시 생각해냈고, 주인으로서 자신이 해야 할 일을 깨달은 것 같았다.

"마리아, 먼저 식탁으로 와라. 긴 여행으로 배고플 텐데. 바로 먹을 수 있는 간단한 음식을 가져오라고 할게."

순식간에 그녀는 식탁에 접시를 놓고 부엌에서 일하는 사람에게 이것저것을 지시했다. 그리고 우리에게 오라고 손짓했다.

"본회퍼 목사님이 베를린에서 몇 년간 청소년 담당자로 일했고, 거기서 많은 청소년과 여러 번 수련회를 한 것을 잊어버리지 않았지, 마리아? 목사님은 샤를로텐부르크(Charlottenburg)에서 자기 힘으로 만든 유일한 청소년 교실을 열었었지. 또 목사님은 심지어 세계 교회 에큐메니컬 운동의 청소년 담당자로 일하기도 했단다."

할머니는 소리를 낮추어 비밀스럽게 말했다. "마리아가 목사님과 이야기할 수 있는 시간을 갖는 것은 매우 유익한 일이라고 생각합니다. 마리아는 확실히 가치 있는 중요한 것들을 많이 배우게 될 거예요……."

본회퍼 목사님은 나의 식탁 의자를 밀어준 뒤 자리에 앉으면서 헛기침을 하고 할머니에게 물으셨다. "번거롭게 하고 싶지 않았지만, 부인께서 먼저 스스로 제안하셨기 때문에 말씀드리겠습니다. 저는 오늘 저녁에 티초라는 곳에서 사적인 강연을 합니다. 내가 잘못 알고 있지 않는 한, 그곳은 여기서 5킬로미터 거리입니다. 거기까지 걸어서 가려고 하는데, 매력적인 부인의 손녀와 함께 가는 것에 대해 어떻게 생각하시는지요? 그러면 부인의 손녀에게, 물론 절대적으로 비밀을 지키는 한에서 스웨덴에서 있었던 일에 대해 어느 정도 이야기할 수 있을 것 같습니다. 괜찮을까요?"

할머니가 디트리히의 제안을 곧바로 동의하지 않는다면, 정말이지 그분은 나의 할머니가 아닐 것이다. 다행히 할머니는 내가 티초에 살고 있는 여러 친척과 작별 인사도 할 수 있으니 같이 가는 것이 두 배나 가치가 있다고 생각했다. 그러면서 단지 우리가 시간에 맞춰 출발해야 한다고 말했다.

이렇게 해서 우리는 곧바로 들판을 따라 걷게 되었다. 디트리히와 나 단둘이. 나는 그에게 팔짱을 끼었다. 드디어 신선한 공기를 마시게 되어 나는 무척이나 기뻤다. 존경하는 본회퍼 목사님이 끊임없이 담배를 피워 방 안에서 담배 냄새가 지독하게 났기 때문이다.

1942년 초여름, 카스타니아의 꽃이 만발해 있었다. 짙푸른 나무에 하얀 면사포처럼 뒤덮여 있어 마치 나무들이 결혼식을 하는 것 같았다. 우리가 마치 키가 매우 큰 신부의 들러리들이 끝없이 서 있는 줄을 따라 산책하는 것 같은 풍경이었다.

나는 디트리히에게 하얀 꽃 꼭지에서 꽃 수술을 어떻게 잡아당기는지 보여주고, 그 수술에서 어떻게 단맛을 빨아내는지 알려주었다. 그는 정말 매우 즐거워했다.

내가 디트리히를 힘있게 끌어당길 때까지, 우리는 계속해서 마디가 있는 카스타니아 가지들을 우리 쪽으로 잡아당겨 달콤한 실을 뽑았다.

무엇보다 나는 디트리히에게서 한 가지 사실을 분명히 확인하고 싶었다. "본회퍼 목사님! 솔직하게 말해주세요. 솔직하게, 아주 솔직하게요. 목사님은 신학자이시니 거짓으로 말하면 절대로 안 돼요. 정말 솔직히 말해주세요.

나는 꼭 알고 싶어요. 나를 속이시면 안 돼요, 아셨지요? 목사님은 나를 기억하고 있나요, 6년 전 일을요? 우리가 처음 만났을 때……그때 나는 열두 살이었어요. 그때 무슨 일이 있었는지 목사님은 혹시 기억하고 있나요? 목사님은 내가 견진성사 교육에 등록하려고 한 것을 거절했어요. 미성숙하다는 이유로요. 바로 아직 어리다는 것 때문에요! 믿기지 않았어요. 한 살 많은 나의 오빠는 견진성사 교육을 받게 했으면서 나는 받아들이지 않았어요."

나는 그에게서 팔을 빼고 두 손을 힘있게 허리에 갖다 댔다. "자, 나에게 말해보세요. 솔직하게 사실대로요. 내가 여전히 미성숙한가요?"

내가 머리를 요염하게 휙 돌렸을 때, 내 머리카락이 얼굴로 살짝 스쳐 지나갔다. 물론 나는 그렇게 할 때 내가 어떻게 보이는지 알고 있었다. 그런 동작을 오랫동안 충분히 거울 앞에서 연습했기 때문이다.

그리고 굳이 말하지 않아도, 그가 당황해서 대답을 회피하고 반응하지 않으려고 한 것만으로도 나는 그가 이제는 나를 여자로 인지하고 있음을 알게 되었다. 그것은 너무도 자명했다.

갑자기 나는 다시 다른 가벼운 주제로 말을 돌렸다. "할머니는 정말 유감스럽게도 내가 여전히 성숙하지 못하다고 생각해요. 무엇보다도 내가 수학을 전공하고 싶어 하기 때문이에요. 할머니는 그것은 말도 안 된다고 생각하세요. 소녀와 수학은 전혀 어울리지 않는다고요."

목사님이 계속 긴장하고 있었기 때문에 나는 킥킥거리면서 덧붙여 말했다. "나는 지금 매우 흥분되어 있어요. 미국에 가본 사람을 지금까지 한 번도 만나본 적이 없거든요. 그것은 정말 최고로 멋진 일이에요.

목사님은 미국만이 아니라 스페인도, 영국도 가보셨지요? 어서 이야기 좀 해주세요! 거기 사람들은 어떤가요? 어떻게 살고 있나요? 바르셀로나의 젊은 여성들은 어떤가요? 우리와 무엇이 다르던가요? 무슨 옷을 입었던가요? 자유의 여신상 위에도 올라가 보셨나요? 사람들이 거기에 올라갈 수도 있나요?"

나는 어쨌든 기분이 좋은 상태였기 때문에 적어도 그가 반응할 때까지 계속해서 수다를 떨었다. "히틀러가 강연 금지와 집필 금지 명령을 내렸기 때문에 목사님은 이제 공식적으로는 강연하거나 출판해서는 안 되잖아요. 그런 일들 때문에 많이 힘드신지 어떤지 알고 싶어요.

물론 나는 이런 사실이 놀랍지 않아요. 목사님께서 교회가 '역사의 수레바퀴를 멈추게 해야 한다'고 매우 강력하게 주장하셨기 때문이지요.

나치당인 독일 민족 사회노동당 사람들은 당연히 이 말이 매우 못마땅했겠지요. '자전거 바퀴의 바퀴살 빠지게 하는 것.' 바퀴가 고장 난 자전거를 타본 사람은 이것이 무엇을 의미하는지 알고 있지요. 이것은 정말 극도로 용감한 표현으로 나치당에게는 매우 모욕적인 언사이자 곧 정신적인 전쟁 선포라고 볼 수 있겠지요.

'고백교회(Bekennende Kirche)에서 떨어져 나간 사람은 구원에서도 떨어져 나간다'라고 목사님께서 말씀하신 것이 진심인지 아닌지 나는 지금 더더욱 관심이 갑니다.

정말 그것이 사실인가요? 저도 물론 히틀러가 독일 기독교인들을 획일화하려는 것을 알고는 있어요. 그러나 그렇다고 나치 아래 있는 기독교인들의 신앙을 참된 것으로 인정하지 않는 건 매우 위험하지 않나요? 단지 그들이 기독교 신앙과 나치즘을 동시에 옳다고 간주하기 때문인가요?

다르게 말하면, 참된 믿음은 실제로 저항을 위한 용기에서만 비로소 나오는 건가요?

목사님은 알고 계신가요? 핀켄발데(Finkenwalde) 목사후보생 세미나에서 목사님이 얼마나 감동을 주었던지, 할머니께서는 그곳에서 목사님의 강의와 설교를 들으셨다고 지금도 늘 이야기하신답니다. 그리고 공식적으로 그 연구소가 폐쇄된 후에도 목사님께서는 용감하게 3년이나 더 비밀리에 '고백교회'의 신학 후배들을 교육했다는 사실을 말이지요. 그들 모두는 기독교인을 획일화하려는 것에 저항하는 신학자들이었다고요.

기독교인이 신앙으로 살고 있다면 그에 걸맞은 믿음에 대해서도 말할 수 있어야 한다고 확신하기에, 모든 강의를 기도로 시작하셨다는 전설적인 그 신학자인 목사님을 정말 나는 알고 싶어요.

그리고 방금 목사님은 스웨덴에서 다시 돌아오셨어요. 솔직하게 말씀해 보세요. 그곳의 여성은 모두 금발 머리이고 예쁜가요? 그리고 목사님이 카나리스 장군(Admiral Canaris)의 국가비밀정보기관의 위탁으로 요즘 이런 외국

여행을 하시는 것이 맞나요?

내가 구체적으로 더욱 중요하게 묻고 싶은 것은 목사님은 도대체 누구신가 하는 점이에요. 할머니가 비밀스럽게 살짝 말씀하시는 것처럼, 저항을 위해 비밀 첩보자로서 은밀하게 일하고 있다는 것이 사실인가요?"

나는 걸음을 멈췄다. 디트리히는 자신이 좁다란 들판 길을 이미 나보다 5미터는 앞서가고 있다는 것을 알아차렸을 때 매우 당황스러워했다.

나는 다시 깔깔거리며 웃을 수밖에 없었다. "오, 맙소사! 내 호기심이 목사님을 곤란하게 한 것 같은데 정말 죄송해요. 내가 지금 얼마나 많은 질문을 했지요? 그 모든 질문에 대답하려면 얼마나 많은 시간이 걸릴까요?"

목사님은 교장선생님처럼 약간 점잖게 머리를 흔들면서 다시 자기의 팔을 끼도록 팔을 내밀었다. 내가 떨어진 거리를 따라잡아 목사님께 왔을 때 그는 말했다. "내가 추측하기론 적어도 백삼십오 개의 질문은 한 것 같습니다. 아마 실제로는 그보다 훨씬 많겠지만. 음……어떤 질문으로 시작할까요?"

그는 앞쪽을 가리키며 말했다. "그나마 다행인 것은 우리가 여전히 4킬로미터 정도를 더 가야 하고, 다시 5킬로미터를 되돌아와야 한다는 거예요. 다시 말하면, 적어도 당신이 물어본 것 중 여러 가지에 대답할 수 있는 기회가 있다는 말이지요. 자, 그렇다면 어떤 주제에 가장 관심이 있나요? 무엇이든 궁금한 것을 물어보세요."

목사님께 아주 조심스럽고 진지하게 말했기 때문에 나는 매우 당혹스러웠다. 그리고 나는 갑자기 눈물을 터트렸다. 그는 너무 놀라 아무 말도 못 하고 내 옆에서 속수무책으로 한참을 서 있었다.

"폰 베데마이어 양! 혹시 내가 지금 무슨 상처 주는 말을 했습니까? 오! 제발 아니기를……."

나는 머리를 흔들어 아니라고 답했다.

"사실 지금 내 마음을 사로잡고 있는 개인적인 질문이 하나 있어요. 이 질문은 내가 방금 했던 질문들과는 아무 상관이 없는 상담적인 거예요. 목사님께 이런 까다로운 질문을 드려도 될지 모르겠어요.

어떻게 시작해야 할까요? 내가 늘 솔직하게 터놓고 이야기하며 지내는 오빠 막스가 지금 동쪽 전방 부대에 있다는 것을 목사님도 아마 할머니에게 들어 알고 계실 거예요. 오빠와 나, 우리는 매일 시간을 정해 놓고 서로를 생각하기로 약속했어요. 서로 가까이 있기 위해서지요.

그리고 나는 아주 깊은 내면에서 막스가 나를 생각하고 있다는 것을 느끼곤 해요. 그리고 오빠 역시 항상 내가 어디에 있든지 내가 오빠를 생각하고 있다는 것을 느껴요. 우리는 마치 보이지 않는 줄로 서로 연결되어 있는 것 같아요. 수천 킬로미터 공간을 초월해서요.

지금 내가 알고 싶은 것은, 서로 사랑하는 두 사람이 비록 멀리 떨어져 있어도 함께할 수 있는가 하는 거예요. 그런 것이 가능한가요? 어떻게 생각하세요, 목사님?"

마리아는 옷장을 두 손으로 짚고 일어서더니 자기가 처음 다즐링 차를 따랐던 자리로 다시 돌아왔다. 검은색 머리의 여자는 턱을 당기며 말했다.

"디트리히가 그때 무엇이라고 대답했는지 당신은 아마 상상하기 쉽지 않을 거예요. 디트리히는 잠깐 생각에 잠긴 후 유감스러워하는 어조로 말했어요. '당신과 당신의 오빠는 아마도 시차를 생각하지 않은 것 같군요. 그런 측면에서 한 사람이 다른 사람의 생각을 동시에 느낄 수 있다는 것은 가능하지 않다고 봅니다. 그렇지만……'

그는 매우 깊은 생각에 잠긴 채 말했다. '그렇지만 사람들 간에 그런 집중적인 연결이 가능하긴 할 것입니다. 어떤 경계나 거리 그리고 막혀 있는 벽을 초월하는 어떤 연관성 말입니다.'

그는 때때로 사건을 매우 실제적으로 접근했어요. 아마도 자기 자신을 보호하기 위해서였겠지요.

1942년 6월 초, 나는 산책을 하며 나눈 대화를 결코 잊지 못해요. 티초를 향해 빠르게 걸어가는 동안 우리는 잠시도 이야기하지 않은 순간이 없었어요. 우리는 마치 말을 주고받으며 서로를 끌어당기는 것 같았어요.

당시 나에게 단지 '목사님'이셨던 디트리히는 주저하지 않고 말해주었어요. 나치 체제가 붕괴된 후의 시기에 대해 토론하기 위해 외국으로 많은 여행을 하며 사람들을 만나고 있다고 설명해주었어요.

연합국들은 그 당시 미래의 세계 질서를 함께 발전시키기 위해 저항하고 있는 독일 교회 대표자들과 접촉하려고 노력했지요.

간단히 말하면, 당시 디트리히의 활동은 순전히 국가 반역죄에 해당하는 것이었어요. 그는 히틀러에 저항하는 비밀 첩보자로 앞장서서 일하면서도 나치 조직을 무너뜨리기 위해 여행을 자주 이용했던 것이지요. 최근에 있었던 스웨덴 여행과 벨 주교와의 만남 역시 영국 정부에 히틀러 암살 계획과 유럽 재건설에 대한 정보를 알려주는 것이 목적이었어요.

물론 디트리히는 이 모든 이야기를 매우 세련되게 표현했어요. 마치 모든 것이 가능한 것처럼 생각하면서요. '만약 누군가가 암살을……어떤 일이 생길 것인가에 대해 한번 생각해 보는 것은 확실히 흥미로울 것입니다'라고 하면서 계속 디트리히는 가정법을 사용했어요.

그럼에도 나는 그를 이해했어요."

그녀는 잠시 눈을 치켜올렸다.

"그렇지만 신부님께서 우리의 이런 대화에서 잘못된 상상을 하지는 않았으면 좋겠군요. 비록 우리가 교회와 정치에 대해 많이 이야기하긴 했지만 그리 심각하지는 않았답니다. 우리는 때때로 아주 시시콜콜한 이야기도 많이 했어요. 음, ……예를 들면 유행하는 아기들 이름에 대해서도 이야기했고, 나중에 나의 아이들의 이름을 어떻게 짓고 싶어 하는지도 이야기했지요.

우리는 정말 릴리나 말렌과 마게리테가 여자아이의 이름으로 적절한지에 대해 신나게 이야기했어요. 그러면서 그것은 좀 무리한 일일지도 모른다고 말하기도 했어요. 또 실제로 모든 남자아이의 이름을 여자 이름으로 바꾸어볼 수 있는지도 생각해 보았지요. '디트리히네'라는 여자 이름은 정말 이상하다고 생각했어요. 그 점에서는 디트리히도 나의 말에 동의했어요."

문득 마리아가 한숨을 쉬면서 말했다.

"당시 내가 열여덟 살이나 되었음에도 불구하고 나는 나중에야 명백히 알게 되었지요. 오빠 막스가 멀리서도 나의 생각을 직접 느낄 수 있는지에 관한 질문의 대답에서 디트리히는 나와 매우 다르게 생각하고 있었다는 것을요.

실제로 디트리히는 매사에 성급하게 판단하지 않았어요. 그리고 그는 선과 악이라는 단순한 이분법적 사고 구조로 빠져드는 것을 거부했어요. 그는 유일한 방식으로 선과 악, 이 둘 모두 하나님의 손에서 나올 수 있다고 믿었기 때문이에요. 행복과 불행. 그러나 이것을 나는 훨씬 나중에야 이해하게 되었답니다."

행복과 불행

행복과 불행은 찬란하게 줄지어 온다.
위대하고 숭고하며 파괴적이고 강압적으로
장식되고 포장되어 인간들을 흔들어 놓아
고통당하는 인간들, 진지함과 헌신으로.

마치 먼 하늘에서 떨어지는 유성처럼
가까이 있음으로 해서
반짝이기도 하고 위협적이기도 하다.
또 그것에 맞은 사람들은
그들의 일상적이고 피곤한 존재들의

폐허 앞에 놓여 있다.

행복은 공포가 가득하고,
불행은 감미로움으로 가득 차 있다.
영원에서부터 나뉘지 않고
함께 오는 것처럼 보인다.
이 둘은 위대하고 참혹하다.

시간은 행복과 불행을 나눈다.
일어나는 일들이 고통스럽고 힘 없이
연속적으로 바뀔 때,
대부분의 사람은 실망하고 지루해하며
오래된 불행으로부터 피한다.

행복은 바로 신뢰의 시간이고,
어머니, 형제, 사랑하는 사람, 친구들의 시간이다.
신뢰는 모든 불행을 영화롭게 변화시키고
그 불행을 부드럽고 완전하게 초월적인 빛으로 덮는다.

행복은 공포가 가득하고
불행은 감미로움이 가득하다.
영원에서부터 나뉘지 않고
함께 오는 것처럼 보인다.
이 둘은 위대하고 참혹하다.

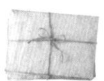

할머니의 속임수

시 낭송이 끝나갈 무렵에 커튼 옆에 서 있던 마리아가 재빨리 커튼을 옆으로 밀치고 창문을 열었다.

시끄러운 소음이 방 안으로 한꺼번에 밀려 들어왔다. 마치 방으로 들어오기 위해 오랫동안 창밖에서 기다렸다는 듯. 자동차 경적 소리, 아이들의 웃는 소리, 나뭇잎이 살랑거리는 소리, 새가 지저귀는 소리, 시끄러운 망치 소리, 사이렌 소리 같은 이상한 기계톱 소리 등이 한꺼번에 밀려 들어왔다.

약간 마른 여자는 뒤를 돌아 얼굴 한쪽을 덮은 머리카락을 쓸어넘겼다. "디트리히와 나……우리는……잠깐만요.……아마 열 번 정도, 아니 열다섯 번 정도 만났을 거예요. 그런 다음 약혼을 했습니다. 어떻게 약혼까지 하게 되었는지는 지금도 완전히 이해하기 어려운 이야기이지요."

열린 창문 너머로 거리를 바라보던 그녀가 갑자기 큰 소리로 웃기 시작했다.

"할머니 집에서 처음 만나고 난 후 나는 본회퍼 목사님을 3개월 동안 보지 못했어요. 솔직하게 말씀드리면, 본회퍼 목사님을 특별하게 생각하지 않았기에 목사님을 그리워하지도 않았지요.

이 말이 무슨 뜻인지 이해할 수 있도록 말씀드릴게요. 1942년 8월 22일에 아버지가 러시아 동서쪽 전방에 위치한 돈의 동쪽 해변가에서 전사했습니다. 그때까지 나에게 가장 많은 영향을 주고 나를 가장 잘 이해해 주셨던 헌신적인 분이 바로 나의 아버지였지요. 당시 아버지가 54세셨어요.

아버지의 죽음은 우리 가족 모두의 비극이었어요. 나는 정말 너무 놀랐고 충격을 받았으며 거의 무기력하게 되었지요. 그래서 그때 내 머리나 마음에는 낭만적인 감정을 위한 어떤 자리도 남아 있지 않았어요.

이런 나를 걱정하신 할머니가 한 가지 꾀를 내셨어요. 적어도 할머니는 자신이 존경하던 디트리히 목사님과 나를 연결시키려는 야심 찬 계획을 가지고 계셨음이 확실해요. 그래서 어느 날 할머니는 어머니에게 전화했어요."

마리아는 그때 일을 상상하며 전화 수화기를 잡은 듯 공중으로 손을 올리면서, 마치 자기 어머니가 했던 것처럼 코를 약간 찡그리고 손을 약간 구부렸다. 골똘히 생각하는 눈빛으로 그녀는 어머니의 목소리를 흉내 내며 말했다.

"'룻 폰 베데마이어! 네? 오! 어머니예요? 정말인가요? 베를린에 있는 프란치스크스 병원에 가셔야 한다고요? 심각한 병인가요? 아, 백내장이라고요?……네, 많이 신경 쓰이겠어요.……당연히 병문안하러 가야지요. 아주 조용할 때요.

뭐라고요? 마리아? 마리아를 어머니께 말 상대해 주는 사람으로 보내라고요? 마리아가 어머니께 책을 읽어줘야 한다고요? 왜 안 되겠어요?……지금 상을 당해 어차피 의무의 해도 연기되었으니 마리아에게도 다른 생각을 할 수 있는 유익한 시간이 될 수도 있겠네요. 네, 마리아가 이 일을 즐겁게 할 거라고 생각해요.……좋아요.

수술이 별 문제 없이 잘 되기를 바랄게요.……네, 또 연락할게요.'

그러고 나서 나는 9월 말에 베를린으로 갔어요. 할머니의 사랑의 속임수에 넘어간 거지요."

마리아는 손을 허리에 대고 다시금 생각에 잠겼다. 마치 다시 1942년 늦은 여름에 프란치스크스 병원의 병실에 있는 것처럼 그녀는 흥분하며 외쳤다.

"할머니, 이것은 전혀 우연이 아니죠? 아니, 부정하지 마세요. 이것은 결코 우연이 아니에요. 내 말이 맞지 않나요? 내가 할머니를 방문할 때면 매번 본회퍼 목사님도 병원에 와 계셨어요. 그것이 순전히 우연인가요? 그런가요?

할머니께서 나와 목사님을 항상 똑같은 시간에 불렀다는 것을 인정하세요. 밖에서 한 번, 안에서 한 번, 항상 두 번 문을 두드리는 까다로운 성직자를 말이에요.

내가 그것을 눈치 채지 못할 거라고 생각하세요, 할머니? 그리고 또 있어요. 디트리히 목사와 내가 할머니의 병상 침대 옆에 앉기도 전에 할머니는 간호사를 불러 말도 안 되는 이상한 말을 하셨잖아요. '엘제! 붕대를 새로 갈아줄 수 있겠어요? 여기 붕대 밑이 가렵네요.

오! 사랑스러운 마리아, 네가 그동안 목사님과 병실에서

나가 있으면 좋겠구나. 목사님과 함께 잠깐 산책하면서 이야기도 나누고 더 많이 친해지도록 해보렴.'

그러고서 할머니는 지나치게 톡톡 쏘아붙이고 손짓을 하면서 우리를 병실에서 나가게 했어요.

할머니! 한번 들어보세요. 병원이 어떤 사랑 같은 것을 시작하는 데 적절한 장소인가요? 그렇지만 물론 목사님과 나는 할머니 말에 순종하여 매번 소독제 냄새가 풀풀 나는 복도를 위아래로 계속 왔다 갔다 했어요. 그리고 언제나 우리는 서로 재미있게 이야기를 나누었어요.

오! 목사님은 정말 현명한 사람이었어요. 나는 늘 목사님과 흥미로운 대화를 나눌 수 있었어요. 예를 들면 나의 편두통이나 고전음악에 대해, 또는 무신론자였던 이모의 장례식에 대해서도 이야기를 했지요. 이모는 하나님이나 성직자들과는 결코 아무것도 함께하지 않았어요. 적어도 이모는 그런 것을 원하지 않았거든요.

그런데 놀라울 정도로 본회퍼 목사님은 그런 문제에 관해서는 상당히 태연했어요. 내가 보기에 목사님은 교회의 제도보다는 더 근본적인 신앙 문제를 다루고자 하는 듯이 보였어요.

할머니! 그렇게 나를 속이며 바라보지 마세요. 나는 할머니가 무슨 일을 꾸미고 있는지 정확히 다 알고 있어요. 그리고 내가 보기에는 점점 더 할머니가 바라는 대로 되고 있는 것 같아요. 목사님께서 어제 나를 식사에 초대했거든요. 여기 병원에서 가까운 레스토랑이에요. 아마도 할머니도 알고 계실 거예요. 이 식당의 주인은 아돌프 히틀러의 형인 알로이스 히틀러예요.

본회퍼 목사님은 우리가 이 식당에서 만나기로 한 것은 기발한 생각이라고 하셨어요. 베를린의 알로이스 식당에서는 첩보에 대한 불안을 별로 느끼지 않아도 되기 때문이라고 했어요. 정말 이 식당에서는 태연하게 히틀러에 대해 마음껏 욕할 수 있다는 거예요. 사람들은 단순하게 아돌프 히틀러가 아니라 식당 주인인 알로이스 히틀러를 욕한다고 생각하기 때문이라고요.

어쨌든 매우 기분 좋은 외식이었어요. 심지어 나는 에델츠비커 와인도 한 잔 마셨어요. 그럼에도 나는 동시에 할머니가 무슨 생각을 하고 있는지 알고 싶어요.

할머니! 목사님은 나보다 나이가 두 배나 많아요. 또 목사님의 머리는 머리카락이 점점 빠져 대머리로 변하고 있어요. 더군다나 약간 살도 찌기 시작했어요. 솔직히 약간이 아니라 좀 많이요. 이런 사람은 젊은 여자가 바라는 이상형이 결코 아니에요.

나는 종종 할머니에게 백마 타고 오는 왕자를 간절히 기다리고 있다고 이야기했었지요. 그렇지만 본회퍼 목사님이 정말 나의 왕자일까요? 그에게는 왕자다운 면이 하나도 없어요. 심지어 말도 타지 못해요.

그럼에도 나는 할머니에게 한 가지 말할 것이 있어요. 나는 외식한 그날부터 목사님이 처음으로 조금 좋아지기 시작했어요.

그리고 그다음에……그다음에 목사님은 나를 자기 집, 아니 정확히 말하면 친척 집에 초대했어요. 친척 아들이 작별인사를 나누기 위해 여는 작은 파티였지요. 유감스럽지만 그 젊은 청년도 전방으로 가야 했기 때문이에요.

그곳에서 나는 처음으로 본회퍼 목사님 가족을 만나 인사하고 알게 되었어요. 매우 정중하고 교양 있는 사람들이었어요. 비록 내가 무슨 역할로 이 친척들 모임에 가야 했는지 전혀 알 수 없었지만요.

그 후로……지금 고백하건대……그 후로 나는 일기장에 더는 '본회퍼 목사님'이라고 쓰지 않고 단지 '디트리히'라고 쓰게 되었어요. 내가 너무 지나친 건가요?

그녀는 놀란 듯 몸을 움찔하더니 침을 삼켰다. 그리고 머리를 가슴 쪽으로 숙였다.

"그 이후 오빠 막스, 나의 막스가 전사했어요! 아버지가 전사하고 불과 몇 주 후에 일어난 일이지요. 내가 항상 영적 연결고리로 남기고 싶었던 막스 오빠 말이에요. 그때 오빠는 겨우 스무 살이었어요. 그렇게 나는 두 달 만에 내 생애에 가장 중요한 남자들을 잃은 거예요.

그러나 그것이 할머니가 자기 계획을 계속 밀어붙이는 것을 방해했을 것이라고 생각하지는 마세요. 오! 아니에요. 정반대였어요. 할머니는 어느 누구에게도 사전에 물어보지 않고, 아무 생각 없이 디트리히를 막스 오빠 장례식에 초대했어요.

정말 적절하지 않은 지나친 행동을 하신 것이지요. 이번에는 진짜 너무 멀리 가셨어요. 어머니는 당황해서 디트리히에게 초대를 취소하는 편지를 보냈지요. 오해할 여지가 없는 정확한 문구로 "우리는 외부 사람의 참석을 원하지 않습니다……"라고 썼어요.

어머니도 할머니가 무슨 일을 꾸미고 있는지 오래전부터 이미 알고 있었기 때문이었지요.

그로 인해 무슨 일이 발생했는지 신부님은 상상도 할 수 없을 거예요. 완전히 혼란 그 자체였지요. 디트리히는 어쩔 줄 모르는 것 같았어요. 이후 그에 대한 설명이 담긴 편지를 서로 주고받았어요.

11월 24일에 어머니가 갑자기 페치히로 목사님을 초대했을 때까지요. 더 정확히 말하면 그를 소환했을 때까지요. 어머니는 자기 딸과 이 신학자 사이에 은밀히 일어나는 일에 대해 정확히 알고 싶어 했어요.

그러나 무엇보다도 어머니는 매우 불안해했어요. 여러 면에서 어머니에게는 우리의 관계가 아주 적절하지 못한 것으로 보았어요. 디트리히는 귀족 가문이 아니었고, 우리의 나이 차이는 불안할 정도로 컸으며, 더구나 나치가 예민하게 주목하고 있는 목사님의 첩보 활동에 대한 소문이 어머니 귀에까지 들어갔기 때문이었지요.

그런데 그보다 더 염려한 것은, 내가 디트리히를 단순히 아버지를 대리하는 사람으로서 선택할 수 있다는 것이었어요. 아버지를 잃은 보상 심리로 말이지요. 본회퍼 목사님에 대한 나의 관심이 내 마음에 잔혹하게 비어 있는 빈자리를 채우기 위한 이유가 있다고 생각한 거예요. 주위 사람들에게서 최근에 정신분석학에 대한 이야기를 들은 후부터 어머니는 더 그런 생각을 하게 되었어요.

신부님께 이런 말씀을 드린다는 것이 썩 유쾌한 일은 아닌 것 같습니다. 그러나 나는 지금까지도 그때 어머니의 생각이 과연 옳지 않았나 하고 나 자신에게 묻곤 합니다. 훗날 나는 내가 디트리히에게 보낸 편지에 이렇게 쓴 것을 발견하게 되었어요. "당신은 나에게 아버지와 오빠가 될 것이며 모든 것 이상이 될 것입니다. 정말 당신은 이미 그런 존재입니다."

어쩌면 어머니의 말씀대로 아버지와 오빠를 잃은 내게 어떤 보상 심리가 작용했지도 모른다고 생각해요. 어쩌면 의지할 수 있는 나이 많은 남자를 찾았는지도 모릅니다. 그렇지만 설사 그랬더라도 그러한 깨달음이 나중에 무슨 도움이 되겠어요? 그것은 전혀 도움이 되지 않아요.

더욱이 어머니는 그 시기에 한 가지 엄청난 실수를 했습니다. 나와 디트리히의 만남을 금한 것이지요. 물론 어머니는 세상 그 어떤 부인보다 멋지고 세련되게 말했겠지요. 어머니는 디트리히가 처음 우리 집을 방문했을 때 고상하게 말하면서도 오해의 여지가 없도록 그의 청혼을 기본적으로 인정한다고 했어요. 그렇지만 자기 딸은 가족 중 두 명이 사망했기 때문에 먼저 추도의 해를 지켜야 한다고 설명했어요. 덧붙여 추도의 해를 갖는 것은 우리의 감정이 진실한지, 관계가 견고한지를 철저하게 시험하기 위한 아주 적절한 과정이라고 말했어요.

물론 이 시험 기간을 진지하게 받아들여야 한다고 했어요. 이 기간이 구체적으로 의미하는 것은 일 년 동안 교제 금지, 방문 금지, 편지 금지, 전화 금지, 즉 절대적인 침묵이었어요. 그 이후에 계속 보자고 했습니다."

마리아는 어이없다는 표정을 지으며 말했다.

"전쟁이 끝나고 나서야 비로소 어머니는 이러한 결정을 내린 것을 깊이 후회했어요. 그 당시 어머니는 디트리히와 내가 함께

할 시간이 얼마 남지 않았다는 사실을 인지하지 못했기 때문이었지요. 그리고 교제 금지를 통해 내가 전보다 디트리히와 더욱 가까워졌다는 것을 나중에야 알게 되었기 때문이었지요.

가끔 가혹한 벌칙은 목적한 것과는 정확히 정반대 편에 도달하기도 하지요.

정확하게 이런 일이 나에게 발생했던 것입니다. 교제 금지를 처음에는 별 생각 없이 받아들였지만 점점 나는 반항하기 시작했어요. 엄마가 감히 지금 내게 무슨 일을 하고 있는 것이지? 엄마가 이렇게 잔인하게 나의 삶에 개입할 수 있는 것인가? 나는 이제 어린아이가 아닌데 도대체 언제까지 엄마는 나를 그렇게 취급하려고 하는 거지?

더군다나 그 시기에 우리 주변에는 전쟁이 끊이지 않았기 때문에 사람들은 정말 극도로 불안해했어요. 거의 매일 가까운 주변 사람들의 죽음을 알리는 끔찍한 편지가 도착했지요. 그건 결코 놀라운 일이 아니었어요. 동쪽 전방에만 390만 명의 군인이 주둔하고 있었으니까요.

이런 사망 보고서를 끊임없이 받으면서 집에 머물러 있는 사람들에게는 서로에게 남아 있는 시간이 얼마나 소중한지를 바로 눈앞에서 경험할 수 있었답니다. 서로 기쁨을 주고받는 일, 서로 안아주고 사랑하는 이 모든 행동이 오늘로 마지막일 수도 있었기 때문이지요.

그러나 나는……이런 상황에서 나에게 청혼한 남자를 일 년 동안이나 만나는 것을 포기해야 했습니다. 내가 존경하고 좋아했던 그분을 전혀 만나지 못하게 되었어요.

결국 나는 어머니의 요구 조건이 도저히 수용할 수 없는 말도 안 되는 잘못된 것이었다고 단정 지었어요. 그래서 완고한 고집쟁이였던 나는 누가 뭐라 하든 내가 선택한 특별한 분과 결혼하겠다고 1월에 독단적인 결정을 내리게 되었습니다. 이제 결정되었어요! 이제 토론은 없어요! 결국 이런 결정은 나 혼자 해야 합니다. 그 외에 누구도 해서는 안 됩니다. 디트리히에게조차도 이런 특별한 권한을 허용할 수는 없습니다. 내가 누구를 남편으로 맞이할 것인지는 내가 결정하는 것입니다. 전적으로 나 혼자만 할 수 있는 결정입니다. 다른 사람들은 그것을 그저 인정해야 합니다.

사실 나는 다소 빈틈없는 목사님의 태도에 심지어 기분이 좋지 않았습니다. 목사님은 어머니의 지시를 이의 없이 적당히 참고 있었기 때문이지요. 만약 목사님이 실제로 나의 왕자님이라면, 나에 대한 뜨거운 사랑 때문에 관습적인 것 정도는 무시해야 하는 것 아닌가요? 그가 정말 나의 왕자님이라면, 한밤중에라도 베를린에서 빨리 나에게 달려오는 것이 더 옳지 않나요? 기품 있는 말을 탈 수 없다면, 적어도 부르릉거리는 오토바이를 타고라도요?

그런 다음 몰래 훔친 사다리로 우리 집 벽을 타고 2층으로 올라와 나에게서 첫 번째 키스를 받아내기 위해 조심스럽게 그러나 열정적으로 나의 창문을 두드려야 하는 것이 맞지 않나요? 또는 이른 아침에 우유를 배달하는 아저씨가 몰래 나를 한쪽으로 데리고 가서 베를린에서 온 비밀스러운 사랑의 소식이 담긴 쪽지를 나에게 살짝 쥐어주는 일이 있을 수도 있지 않나요? 사람들 눈에 띄지 않게 그 배달 아저씨가 휘파람으로 릴리 마렌의 선율을 신호로 불어주면서 말이지요.

그렇지 않으면 이상한 사람이 계속 전화해서는 전화를 받으면 살짝 전화기를 내려놓는다고 어머니가 놀라면서 나에게 뛰어오게 할 수는 없었나요? 만약 그렇다면 나는 바로 알아차릴 수 있

할머니의 속임수

었을 텐데요. 그는 틀림없이 디트리히였어……나의 왕자. 만약 엄마가 집을 비우면 그와 두근거리는 마음으로 여러 가지 이야기를 속삭이듯 나눌 수 있을 텐데……층계 밑에 몰래 숨어서."

그녀는 속삭이듯이 말했다.

"네, 디트리히! 집에 아무도 없어요. 엄마는 방금 예배당 작업하는 데 둘러보러 갔어요.……네, 당신이 매우 보고 싶어요.……온몸과 마음으로 당신을 그리워하고 있어요. 우리가 다시 만날 날을 세고 있어요.……네, 나도 당신을 사랑해요."

마리아는 눈을 감았다.

"그런데 실제로는 무슨 일이 일어났지요? 전화도 없고, 방문도 없고, 비밀스러운 편지도 없었어요. 디트리히는 그런 일에 대해서는 너무 지나치게 예의가 반듯했어요. 유감스럽게도 말입니다.

내가 그와 결혼하려고 결정했을 때 내가 그를 사랑했는지 신부님은 그 사실이 궁금하실 것 같아요. 나는 이 질문에 대답할 수 없어요. 하지만 아니라고 말하고 싶어요. 아니요, 아니었어요. 그 당시 나는 아직 디트리히를 사랑하지 않았어요. 그러나 그를 사랑하고 싶은 생각이 들었어요. 정말 그를 사랑할 기질과 능력이 내 안에 있다는 것을 느꼈어요. 그때 나는 자신감에 가득 차 있었어요.

그래서 어느 날 특별히 어머니가 기분이 좋을 때까지 기다렸어요. 그리고 그날 어머니 앞에서 한없이 눈물을 흘리며 내 결정을 단호하게 말했어요. '나는 디트리히와 결혼할 거예요.'

그러기 전에 나는 외삼촌인 한스 유르겐 폰 클라이스트와 이야기했어요. 외삼촌은 나의 아버지가 죽은 후에 내 후견인이 되어 주셨고, 동시에 공식적으로 나의 모든 미래에 대한 책임을 지는 분이었습니다.

그리고 나는 외할머니가 다시 한번 그녀의 모든 우아한 방법을 동원하게 하고 나의 결혼을 위해 전화로 여러 번 어머니를 설득시키도록 준비했어요. 마침내 어머니는 항복했지요. 우리의 약혼에 동의했어요. 우리가 약속한 추도의 해를 실제로 끝까지 엄격하게 지킨다는 조건으로요.

이 조건은 전혀 마음에 들지 않았지만, 그래도 먼저 약혼을 한다면 혹시 바로 뭔가를 이룰 수 있을 것이라고 생각했어요.

그러고 나서 나는 내 생애 가장 중요한 편지를 썼어요. 지금도 그 편지를 외울 수 있을 정도로 정확히 기억하고 있어요. 그때 모든 단어마다 천 번씩 깊이 생각했거든요. 당시 여자가 남자에게 청혼한다는 것은 전혀 관습에 맞지 않은 일이었기 때문이었지요."

그녀는 다시 한번 깊게 호흡한 다음 우아하게 편지를 인용했다.

"본회퍼 목사님! 며칠 전에 나는 엄마, 외삼촌과 대화를 나눴어요. 그래서 나는 목사님께 편지를 쓰고, 이 편지에 대해 목사님께서 나에게 답변하시도록 부탁해도 된다는 허락을 받았습니다.

지금 나는 목사님께서 전혀 나에게 묻지 않은 질문에 대하여 목사님께 대답하려고 용기를 냈습니다. 오늘 나는 당신에게 진심으로 기쁜 마음에서 우러나오는 '예'라고 말할 수 있습니다. 그러나 만약 내가 부족하거나 또는 당신이 나에게 올 마음이 더 이상 없다고 생각하신다면 제발, 곧바로 나에게 그 사실을 말해주세요."

내가 디트리히의 대답을 기다렸던 날들은 확실히 내 삶에서 가장 긴 날들이었습니다. 매일 아침 나는 우편 배달부에게 달려갔고, 그는 미안해서 계속 미소만 지었습니다.

어느 날 마침내 그 우편 배달부가 나에게 말했습니다.

'유감스럽게도 베를린에서 온 편지는 없습니다. 하하, 아닙니다. 용서하세요, 아가씨! 농담입니다. 여기 아가씨가 기다리고 기다리던 편지가 있습니다. 아가씨가 갈망하는 소식이 이 편지에 들어 있기를 진심으로 바랍니다.'

그 편지에는 정말 내가 갈망하며 기다리던 소식이 들어 있었어요. 디트리히의 글은 나를 기쁘게 해주었습니다. 그는 처음으로 나에게 편한 호칭을 사용했어요. "나에게 비길 데 없는 선물이 주어졌음을 나는 확실히 깨닫고 압도되어 있습니다. 정말 상상할 수 없었던 커다란 행복이 갑자기 내 앞에 놓이면서 가슴이 확 트였습니다. 우리의 미래에 대해 예라고 결정했다는 것을 나는 믿을 수가 없습니다."

갑자기 나는 약혼을 했습니다. 그때부터 1943년 1월 13일은 우리의 약혼날이 되었습니다. 그 후로 우리가 다시 만날 때까지 거의 일곱 달이라는 시간이 흘렀지만요.

그것도 감옥에서…….

그리스도인과 이방인

사람들은 자신들이 어려울 때 하나님께로 나아갑니다.
도와달라고 간청하고, 행복과 양식을 위해 기도합니다.
질병과, 죄 그리고 죽음에서 구원해 달라고 간청합니다.
그렇게 하는 그들 모두는 그리스도인과 이방인입니다.

사람들은 곤궁함 가운데 계신 하나님께로 나아갑니다.
그분이 가난하고 천대받고 거처와 양식도 없는 분임을
발견합니다.
그분이 죄와 연약함과 죽음에 둘러싸여 있는 분임을
알게 됩니다.

그리스도인은 고난 중에 계신 하나님 곁에 서 있습니다.

하나님은 어려움 속에서 도움이 필요한 모든 사람에게
다가가십니다.
그분은 자신의 양식으로 그들의 몸과 영혼을 살찌우게 하시고,
그리스도인과 이방인을 위해 십자가에서 죽으시고,
또 그들 모두를 용서하십니다.

감방 92호

마리아는 추운 듯 손을 비볐다. 그러고는 옷에 붙은 아주 작은 보풀들을 뜯어냈다. 그런 행동은 그녀가 무언가 깊은 생각에 잠겨 있는 것처럼 보이게 하였다.

마침내 그녀는 헛기침을 하고 방문자를 쑥스럽게 쳐다보며 말했다.

"당시 나는 믿을 수 없을 정도로 행복했어요. 어린아이처럼요. 그렇지만 물론 시시때때로 절망이 엄습하기도 했어요. 나에게 무슨 일이 기다리고 있는지 미리 알았더라면, 나는 혼자 결정해서 어렵게 이룬 약혼을 마냥 환호하며 좋아할 수 있었을까요, 아니면 끝없는 고통과 무력감으로 약혼을 파기해야 했었을까요? 잘 모르겠어요. 전혀 알지 못했던 것은 알고 있었던 것보다 종종 더 큰 아픔을 주는 것 같습니다."

그녀는 조심스러운 발걸음으로 자기 의자로 돌아와 의자 등받이를 잡았다. 그리고 창가로 가서 다시 창문을 닫고 커튼을 잡아당겼다. 그녀는 커튼 봉을 계속 잡고서 말했다.

"계속해서 머리에서 떠나지 않는 것은, 내가 신부님에게 하는 이야기가 실질적으로 신부님께 도움을 줄 것인지에 대한 것입니다. 어떻게 보면 나의 이야기는 단지 한 여자의 낭만에 젖은 추억이거나 상처 입은 삶에서 얻어낸 생각일 수 있기 때문이에요.

신부님은 내 이야기가 어떤 대답이라기보다 질문을 더 많이 포함하고 있다는 사실을 아마 알아차릴 수 있을 거예요.

디트리히가 어떻게 그런 고통을 참고 견딜 수 있었는지 알고 싶으시지요?

다르게 말하면, 역사의 변두리에서 일어나는 불편한 질문들은 가끔 결정적인 해답을 찾기 위해 필요한 길의 안내자가 되기도 합니다.

신부님, 어떠세요? 내가 계속 이야기해도 되겠어요? 네? 좋아요!"

마리아는 잠깐 눈을 감은 다음 얼굴을 활짝 폈다. 그러나 막 이야기를 시작하려다 다시 중단하고 속삭이듯 말했다.

"신부님은 실제로 어떻게 생각하시나요? 전적으로 신부님 개인적인 생각을 알고 싶어요. 서로 사랑하는 두 사람이 비록 떨어져 있어도 영적으로 서로 연결되어 있을 수 있을까요?

그럴 수 있나요, 아니면 그렇지 않나요?

신부님, 기억하고 계시지요? 우리가 처음으로 산책했을 때 내가 디트리히에게 했던 질문 말입니다. 그때부터 이 질문은 항상 나를 따라다녔습니다.

1943년 4월 5일, 나는 일기장에 한 문장을 썼고, 그 문장은 바로 현실화되었어요. 나는 당시 내가 왜 그런 문장을 썼는지 지금까지도 알 수가 없습니다. 일기장에는 이런 문구가 또박또박 쓰여 있습니다. '좋지 않은 어떤 일이 생긴 것일까? 나쁜 일이 생길 것 같은 이상한 예감에 나는 몹시 두려워하고 있다.' 4월 5일은 디트리히가 나치에게 체포된 바로 그날입니다. 나는 2주 후에야 그 사실을 알게 되었어요.

내가 그 사이에 실습을 시작한 하노버에서 남동생의 교회 입회식 축하 예배에 참석하기 위해 집으로 갈 때였어요.

그때 어떤 느낌을 받았는지 지금도 정확하게 기억하고 있어요. 집으로 가는 기차 안에서 나는 어머니에게 어떻게 따져야 할지에 대해 내내 상상했어요. 부득이한 경우에는 우리 집을 방문한 모든 손님 앞에서 어머니의 지나치게 가혹한 결정에 대해 따지고 대들려고 준비했어요.

'엄마! 똑똑히 들으세요. 내 약혼자와 이렇게 강제적으로 만나지 못하게 하는 것은 말도 안 되는 일이에요. 이제 더는 참을 수가 없어요. 나는 기다릴 거예요. 이게 무슨 뜻인지 아세요? 엄마에게 애걸하지 않겠다는 말이에요.……아니오, 나는 기다릴 거예요, 듣고 있나요? 나는 기다릴 거예요.……우리의 만남을 금지한 일을 엄마가 빨리 포기하기를 기다린다고요. 디트리히와 나는 그 사이에 약혼했어요. 우리가 서로 만나지도 못하고 대화하지 않는 것이 도대체 누구에게 유익한가요? 이건 순전히 횡포이고 학대입니다. 당장 설명해 보세요!'

비록 거기에 모인 친척들이 나 때문에 불쾌해하며 바닥을 쳐다보거나 축하주 잔만 뚫어지게 응시할지라도 괜찮아요. 나에게 예의 바르다는 칭찬은 필요 없어요. 단지 나는 약혼자만을 보기 원해요.

정말 어머니가 고집스럽게 나온다면 나는 어머니의 얼굴을 똑바로 응시하고 비웃으며 거침없이 말하려고 했어요.

'디트리히와 나, 우리는 이미 엄마의 금지령을 깨트렸어요. 사랑은 율법보다 더 강하기 때문이지요. 예수님께서 그렇게 말씀하신 것을 엄마도 아시잖아요.

엄마! 저를 그렇게 바라보지 마세요. 이제야 이야기하는 건데요. 그렇다고 고백성사는 아니에요. 2월에 할머니께서 디트리히가 위험에 처했다며 깜짝 놀라 나에게 편지를 보냈어요.

저기 할머니를 보세요! 사실이라고 고개를 끄덕이시는 것을 엄마도 보고 계시지요. 나는 정말 진실만 말하고 있는 거예요. 그렇지만 할머니는 당시 편지에 그가 무슨 위험에 처해 있는지는 자세히 설명하려고 하지 않았기 때문에, 나는 디트리히에게 전화했어요. 불안하고 염려되어서요. 사랑하기 때문이지요. 엄마! 우리는 사실 전화 통화를 했어요. 나의 약혼자 디트리히와 내가.

그래서 어떻다는 건가요? 그래서 세상이 멸망했어요? 아니오! 그래서 나의 품행이 상했어요, 아니면 내가 순결을 잃었어요? 아니오! 내가 '폰 베데마이어' 가문의 귀족으로서 품위를 떨어뜨렸나요? 나는 아니라고 생각해요. 혹시 나의 유산상속권을 당장 박

탈하고 싶으신가요? 일 년 동안이나 우리를 이렇게 만나지 못하게 하는 것은 완전히 잘못된 것이라는 사실을 엄마는 제대로 인식하셔야 해요. 이건 근본적으로 완전히 잘못된 거예요.'

나는 계속 반복해서 이런저런 비슷한 생각을 머리에 새롭게 정리하고 확실히 자신감이 생길 때까지 마음속을 무대 삼아 연습을 계속했습니다. 그래서 어머니가 아무 의미도 없는 금지령에 종지부를 찍을 수 있기를 바라면서요.

드디어 집에 도착했을 때 나는 가슴이 쿵쾅쿵쾅 뛰었어요. 나는 어머니에게 한바탕 퍼부을 준비가 되어 있었어요. 어머니에게 내가 이제 더는 어린아이가 아니라 어엿한 성인이라는 사실을 확실히 보여주고자 했거든요.

그러나 내가 마음으로 확고하게 다짐하며 상상했던 싸움은 실제로는 일어나지 않았어요. 내가 집으로 들어가자마자 누군가가 나에게 이렇게 속삭였기 때문이지요. '알고 있어, 마리아? 디트리히가 체포되었대!'

나는 점점 더 구체적인 이야기를 들어 알게 되었어요. 디트리히는 몇 주 전부터 자기가 체포될 것을 예상하고 있었다고 합니다. 지난주에 히틀러의 암살 시도가 여러 번 실패하였기 때문이 없지요.

독재자 히틀러는 신경이 예민해졌어요. 그건 놀라운 일이 아니었어요.

1943년 3월 13일 폰 트레스코(Oberst von Tresckow, 독일 장교로 마지막 직위는 독일 군대의 소장(Generalmajor)이었다. 가장 단호한 저항 세력 중 하나로 나치즘에 대한 군사 저항 중심 인물이었다. 1944년 7월 20일 히틀러 암살 계획이 실패하자 7월 21일에 자살함.) 장교는 성공적으로 코냑 상자로 위장한 폭탄을 미치광이 히틀러의 비행기에 몰래 가져갔어요. 이 장교는 아주 쉽게 히틀러의 부관에게 이 작은 '선물'을 러시아의 스몰렌스크(Smolensk, 벨라루스에 접근해 있는 러시아의 작은 도시)에서 베를린으로 가져가 달라고 부탁했어요. 그러나 유감스럽게도 폭탄의 뇌관이 제대로 작동되지 않아 폭발하지 않았어요.

그리고 일주일 후인 3월 21일에 다시 루돌프 크리스토프 폰 게어스도르프[Rudolf-Christoph von Gersdorff, 독일 육군 소장(Generalmajor)이었다. 저항 운동가로 1943년 3월 21일에 베를린 무기고에서 열리는 러시아 전리품 전시회에서 히틀러와 자폭하려고 암살 시도했으나 실패함. 1944년 7월 20일의 암살 작전을 위해 폭약과 기폭 장치를 보관하였다.

그의 동료들 중 고문을 받으면서도 비밀을 지켜 주었기 때문에 체포와 처형을 면함. 나치 독재에 맞서 적극적으로 저항했던 독일군의 몇 안되는 생존자 한 명이 됨.]는 자기 외투 주머니에 숨긴 두 개의 영국제 파편 지뢰로 베를린 초이크하우스(Berliner Zeughaus, 나치 시기에 이곳은 전쟁 선전의 도구로 무기를 보관 전시하는 곳으로 사용되었으며, 1944년 9월까지 운영되었다. 현재는 독일 역사 박물관이다.)에서 열리는 전시회에서 자기 자신을 포함해 히틀러와 그 밖의 나치 지도자들을 공중으로 폭파시키려고 했지요.

그런데 폰 게어스도르프가 이미 파편 지뢰를 작동시킨 뒤, 예상한 만큼 히틀러가 그 장소에 오래 머물지 않아 폭탄이 십중팔구 히틀러가 가고 난 뒤 늦게 폭파될 것을 알게 되었어요. 다행히 그는 남자 화장실에서 가까스로 설치된 폭탄을 제거하는 데 성공했어요.

히틀러는 이 암살 시도에 대해 그 현장에서는 듣지 못했지만 다른 경로를 통해 알게 되었고, 그 이후로 이런 일에 더 강하게 대응조치하도록 결정하였습니다. 이러한 결정에는 히틀러가 자신에게 저항하는 세력을 완전히 말살시키려는 계획이 포함되어 있었지요."

마리아는 다시 벌떡 일어나 문 옆에 있는 옷장으로 갔다. 그녀는 약간 흥분한 상태로 첫 번째 서랍장을 뒤적거렸다.

"기다려 보세요. 여기 어디엔가 분필이 있을 거예요. 분필을 찾으면 전체 상황이 선명하게 드러나도록 생생하게 그려줄게요. 내가 하는 말을 전적으로 이해할 수 있도록 말입니다."

그녀는 힘있게 첫 서랍장을 닫고 무릎을 굽혀 다른 서랍 하나를 열었다. 그러는 동안 그녀는 흥분해서 계속 말했다.

"디트리히는 4월 5일 오전에 누나인 크리스티네의 남편 한스 폰 도나니(Hans von Dohnanyi, 본회퍼와 같이 고등학교를 다녔고 법학 전공, 본회퍼 누나와 1925년 결혼, 1943년 4월 5일 본회퍼와 같은 날에 체포되고 1945년 4월 9일에 교수형에 처형당함.)에게 전화했어요. 누나에게 무엇인가를 전하고자 했던 거예요. 그런데 모르는 남자가 전화를 받았고, 디트리히는 곧바로 무슨 일이 일어났는지 짐작하고는 다른 누나인 우즐라에게 푸짐한 밥상을 준비해 달라고 부탁했어요. 그리고 체포되면 가지고 가려고 모든 준비를 다 해놨던 것이지요. 아! 여기 분필을 찾았네요. 좋아요."

마리아는 일어나 뒤를 돌아보고 환호성을 지르며 분필을 높이 쳐들었다. 마치 여자 운동선수가 경기에서 승리의 우승컵을 높이 치켜드는 것 같았다. 또는 마치 목사가 성찬식을 할 때 떡을 높이 떼어 보여주는 것처럼 보였다.

"좋은 집은 모든 것이 항상 제자리에 있다고 하지요. 일어나 이쪽으로 오세요! 내가 당신에게 보여주려고 하는 것을 볼 수 있도록 말이에요. 중요한 일입니다."

마리아는 주방으로 가더니 식탁을 벽 쪽으로 밀었다. 식탁이 바닥에 끌리면서 끽소리를 냈다.

"그렇게 보고만 있지 말고 같이 밀어주세요. 그러면 더 빨리 끝낼 수 있어요. 여기 약간의 공간이 필요해요. 이렇게 하니 좋군요. 이젠 카페트를 옆으로 밀어내려고 해요. 음, 이것도 없어야 해요. 카페트를 둘둘 말아서 벽에 세워 주시겠어요? 이쪽이든 저쪽이든 상관없어요."

그녀는 빨개진 얼굴로 자기 앞에 있는 넓은 공간을 쳐다보았다. 반면 손님은 어쩔 줄 모르고 그녀 옆에 서 있었다.

"이제 상상의 날개를 펼쳐야 해요. 자, 상상해 보세요. 여기가 베를린의 테겔(Berlin-Tegel, 베를린 테겔에 위치한 테겔 교도소는 1898년에 개소, 가장 오래된 교도소.)에 있는 나치 군사력 미결수 감옥이라고 생각하세요. 여기 이 공간이에요. 자이델 거리 39번지에 있는 감방. 그곳에 41번 전차 정류장이 있습니다. 내가 알고 있는 한, 거기에 800명 정도가 감옥에 있었어요. 그들은 디트리히를 마리엔부르거 알레(Marienburger Allee 43은 본회퍼 부모님의 집이었음. 이곳에서 나치 독재에 대한 저항을 위한 비밀 회의에는 본회퍼 외에도 그의 형 클라우스와 두 매형인 한스 폰 도나니, 뤼디거 슐라이허가 참석했다. 1943년 4월 5일에 이 집에서 게슈타포에 의해 체포. 현재는 본회퍼를 기념하고 만나는 집으로 방문할 수 있다.)에 있는 그의 부모 집에서 체포한 후 이곳으로 데리고 왔습니다. 오후 4시경에 검정 외투를 입은 무뚝뚝한 남자들이 방문하여 무식하게 언성을 높이며 말했어요. '우리는 당신을 심문하기 위해 데리러 왔습니다. 속옷과 개인용품 몇 가지를 가방에 싸십시오. 서두르십시오!' 그들은 오래 기다릴 필요가 없었어요. 디트리히는 이미 체포될 것을 예견하고 가방을 싸놓았기 때문입니다."

마리아는 고개를 들면서 말했다.

"그때까지도 그들은 디트리히에게 어떤 잘못이 있는지조차 말해주지 않았고, 4개월이 지나고 9월이 되어서야 최소한의 혐의를 알려주었어요. 속이 뻔히 들여다보이는 증거에 따르면, 군사력 해제 또는 군대에 반대한 음모라는 것이 이유였습니다. 디트리히가 고백교회 몇몇 목사의 병역 면제를 도와주었기 때문이지요. 아, 그리고 어떤 외국환 업무에 관한 이유도 있었어요.

사실 그들은 아무것도 분명한 증거가 없었어요. 아무것도! 그들은 단지 디트리히가 어딘가 비밀정보기관에서 저항하는 일에 핵심적인 역할을 하고 있다는 것만 알고 있었습니다. 그래서 그들은 디트리히를 여기로 데리고 왔어요."

다시 한번 그녀는 분필을 손에 쥐었다. 마치 펜싱 검을 잡은 것처럼. "신부님께서도 이미 알고 계시지요? 디트리히가 25 감방 단지의 92호 감방에 있었다는 사실 말이에요. 아닌가요? 물론 처음부터는 아니었어요. 처음 12일 동안에는 독방에 있었어요. 다락에 있는 방이었는데 밖으로 나가는 문도 없고, 다른 죄수들과의 교제도 금지되었지요. 이런 환경은 디트리히에게 틀림없이 힘들었을 것입니다.

이때 잠을 청하는 것이 얼마나 힘들었는지 디트리히는 나중에 나에게 설명해 주었어요. 이불이 얇았을 뿐 아니라 견디기 힘들 정도로 냄새가 났기 때문이었다고요. 더군다나 매일 밤 다른 죄수들이 울며 불평하는 소리를 들었기 때문이라고요. 이것은 마치 지옥문 앞에서의 참상과 같았을 것입니다.

그러나 그 후에 교도소 책임자는 디트리히가 베를린시 사령관 파울 폰 하제 장군(General Paul von Hase, 1944년 7월 20일 히틀러 암살 계획에 관여했지만 실패하였고 같은 날에 체포, 1944년 8월 8일 사형선고 받은 후, 히틀러의 명령으로 같은 날 플뢰첸제(Plötzensee)형무소에서 교수형으로 처형당함.)의 친척인 것을 알게 되었어요. 그리고 하루 아침에 디트리히의 감옥 상황이 좋아지게 되었어요. 바로 그 유명한 92호 감방으로 오게 된 것이지요."

마리아는 갑자기 들뜬 기분으로 벽을 응시하며 말했다.

"누군가가 그곳 벽에 글을 새겨 놓았어요. '아직도 100년, 그리고 모든 것은 지나간다'라고요."

그녀는 몸을 다시 숙이고 분필로 넓은 선을 바닥에 그리기 시작했다. 손님은 어리둥절한 시선으로 그녀를 바라보았다. 마리아는 말하면서 신음을 냈다. 몸을 매우 깊이 구부려야 했기 때문이었다.

"나는 무엇이든 분명하게 하는 것을 좋아해요. 항상 구체적으로 눈앞에 똑똑히 보여주어야 하지요. 자, 여기 보세요. 그의 감방은 이만한 크기였어요, 정확히 가로 3미터, 세로 3미터. 저쪽 건너편에는 간이침대가 놓여 있었고요. 정확하게 저녁 8시부터 아침 6시까지만 아래로 펼쳐놓을 수 있는 간이침대요. 그리고 저기에 쪼그리고 앉을 수 있는 보조 의자가 있었고, 구석진 곳에 변기통이 있었어요.

당시 나는 정확하게 측정했어요. 그리고 내 방 바닥에 똑같이 그렸어요. 지금처럼요. 감방에서 사는 것이 어떤 느낌인지 무조건 알고 싶었어요. 비록 디트리히 곁에 있을 수는 없더라도 최소한 그의 삶을 함께 나누고자 했기 때문이지요. 어쨌든 이것은 나에게 하나의 의식처럼 되어 버렸어요. 서로 다른 세계를 연결하는 마법 같은 영역처럼요. 마치 내가 상상한 감방에서 내가 디트리히 옆에 함께 있는 것처럼 말이지요."

갑자기 마리아는 자기가 그린 사각형에서 행진하는 걸음으로 걷기 시작했다.

"하나, 둘, 셋, 넷, 그리고 돌아서 하나, 둘, 셋, 넷, 그리고 돌아서……. 이렇게 디트리히는 매일 끝없이 왔다 갔다 걸어 다녔어요.

이렇게 좁은 공간에서 디트리히가 어떻게 운동을 했는지 나는 종종 스스로 물어보기도 했습니다. 그는 건강하게 살아남기 위해 하루에도 몇 시간씩 걸었어요. 그런데 무엇보다 이러한 행위를 얼마나 참아낼 수 있었을까요? 얼마나 자주 그렇게 했을까요?

5분 안에 60번? 1시간에 720번? 왔다 갔다, 왔다 갔다⋯⋯릴케의 표범처럼. 한 마리의 동물처럼 말이에요!"

그녀는 몇 번 왔다 갔다 한 뒤 힘들게 숨을 쉬며 손으로 무릎을 짚었다. "그럼에도 디트리히는 매우 많은 책을 읽었어요. 첫 주만 해도 디트리히는 여러 번 성경을 통독했고, 심지어 매우 긴 성경구절을 외우기 시작했습니다. 또 출판하고 싶어 한 신학 잡지에 대한 계획을 세우기도 했어요. 그 사이에 그는 마침내 도서관 이용을 허락받았습니다."

갑자기 그녀의 목소리가 달라졌다. 조금 더 거칠어졌고 더는 부드럽지 않게 들렸다.

"그다음에 어떤 일이 생긴 줄 아세요? 디트리히는 감시자 중 몇몇 사람과 친해졌답니다. 홀첸도르프, 링케, 그리고 누구보다도 나중에 감옥에서 우리를 위해 종종 편지를 몰래 전달해 준 크노블로흐. 무엇보다⋯⋯무엇보다 디트리히는 동료 죄수들을 위로해 주었어요.

신부님께서는 이러한 행동을 이해할 수 있겠어요? 이 남자는 그야말로 감옥 안에서 작은 교회를 세운 것이지요. 그는 거기서 일하는 사람들과 수감자들을 위해 목회 상담자가 되었어요. 정말 특별하지 않은가요?"

그녀는 다시 똑바로 서서 멍해진 채로 말했다.

"때때로 나는 스스로에게 질문하곤 해요. 우리 중에 누가 실제로 감옥에 살고 있었는지. 디트리히였는지, 아니면 나였는지. 신부님은 이해할 수 있으세요? 디트리히는 그때 내적으로 정말 매우 강인했어요. 그렇지만 나는 이 시기 내내 동정과 염려로 가득하여 아주 불안해했어요.

내가 분노하는 일이 하나 더 있어요. 오, 정말! 디트리히를 감옥에 넣은 나치즘만이 아니라, 바로 신학자 칼 바르트(Karl Barth)에게도 분노했어요. 사실 칼 바르트는 디트리히가 런던에 머물고 있을 때 그에게 편지를 보냈지요. '이 힘든 시기에 조국으로 오세요.' 그것은 나에게 충격적이었어요.

디트리히는 당시 외국에서 여러 교수직을 제안받았어요. 예를 들어, 그는 미국으로 갈 수도 있었지요. 독일에서 미친 나치의 테러가 지나갈 때까지 미국에서 천천히 기다릴 수 있었어요.

그런데 디트리히는 미국으로 가지 않고 독일에 남아 있기로 했어요. 정말로 그는 그렇게 하기로 작정했어요! 디트리히는 이 힘든 시기에 고통을 나누는 동지들과 함께 이겨낼 준비가 되어 있는 사람만이 전쟁이 끝난 후 독일을 새롭게 건설하는 책임을 질 권리가 있다고 확신했기 때문이었지요.

더욱이 예언서인 이사야에 놀라운 구절이 있습니다. '믿는 자는 도망가지 않습니다.' 디트리히는 이 구절을 진지하게 묵상했던 거예요. 신부님도 신학자이시잖아요, 그렇지요? 그럼 한번 말해 보세요. 이 구절이 정말 맞는 걸까요? 디트리히는 감옥보다 외국에 있었더라면 평화를 위해 훨씬 선하게, 훨씬 더 성공적으로 일할 수 있지 않았을까요, 신부님?

이럴 때면 또다시 가차없이 뻔뻔한 질문이 떠오릅니다. '만약 그때 그랬다면 지금 과연 어떻게 되었을까?' 디트리히는 완전히 다른 결정을 했어요. 그는 자기 민족과 같이 있는 것을 자신의 운명으로 여겼기에 독일로 다시 돌아왔습니다. 즉, 그는 감금에 순응하기로 한 것이지요. 더 정확하게 말하면, 그에게 감금은 그의 결정에 대한 당연한 결과였어요. 그는 이 길을 선택했고, 이 길은 결국 디트리히를 가혹한 종말로 끌고 갔습니다."

마리아는 얼굴을 가리는 머리카락을 여러 번 쓸어 올렸다. 그녀는 마치 머리카락을 어떻게 해야 할지 곰곰이 생각하는 것처럼 보였다.

"디트리히는 체포된 것을 자신의 행위에 대한 대가로 생각했을지도 몰라요. 그런 놀란 얼굴로 보지 마세요! 물론 디트리히는 죄책감을 느끼고 있었어요. 어떻게 그렇지 않겠어요? 비록 독재자의 살인에 관한 것이지만 한 인간의 암살 계획에 동참했으니까요. 그에게 '살인하지 말라'는 십계명의 계명은 범할 수 없는 하나님의 명령이었습니다.

그럼에도 디트리히는 오랜 고민 끝에 이 십계명을 어기고 악한 독재자의 암살 시도에 함께하려고 결정했던 것이지요. 그는 하나님께 큰 죄를 범했다는 것을 알고 있었어요, 일말의 의심도 없이. 그러나 동시에 이 사실도 알고 있었어요. 만약 암살 계획에 동참하지 않는다면, 아마 똑같이 죄책감을 느꼈을 것이라는 사실 말이에요. 수백만 명의 사람에 대한 죄책감 말입니다.

이래도 저래도 문제는 있었어요. 그가 이 딜레마에서 죄를 짓지 않은 사람으로 살아남기는 불가능했을 겁니다. 그래서 디트리히는 깊이 숙고하였고, 결국 매우 놀라운 결정을 했던 것이지요. 히틀러의 잔인한 행위를 수수방관하는 죄는 그의 미친 짓을 멈추게 하는 죄보다 더 크다고 보았던 것입니다.

신부님께서는 디트리히에 대해 판단하시기 전에 한 가지만 말씀해 주시겠어요? 신부님은 어떻게 결정하셨을 것 같은가요?

아니, 그렇게 머리를 흔들지 마시고요, 신부님! 그렇게 간단한 것을 묻는 것이 아니에요.

인간으로서 우리는 끊임없이 선택의 기로에 있지 않나요? 우리가 알고 있듯, 우리가 왼쪽으로 가든 오른쪽으로 가든 전혀 상관없이 우리는 죄를 짓게 되어 있잖아요. 그렇기에 우리도 디트리히처럼 매사에 정확히 매우 세심하게 고려해야 할 거예요. 우리가 믿고 있듯, 선과 악 사이가 아니라 오히려 악한 것들 사이에서, 바라건대 아주 나쁜 악이 아닌 것들 사이에서 고려해야 할 것입니다.

아무튼 디트리히는 스스로 결정을 내렸습니다. 그래서 자기의 직감대로 바로 감옥에 가게 되었던 것이지요. 그는 자기 잘못에 대한 대가를 받고 있었던 것입니다."

그녀는 분필을 높이 한 번 들더니 제자리에 되돌려 놓기 위해 옷장 쪽으로 갔다. "차 한 잔 더 하시겠어요? 저쪽으로 가시지요. 이야기를 너무 많이 해서 목이 상당히 마르군요.

보세요, 신부님! 디트리히는 고집쟁이였어요! 그리고 자기의 운명을 받아들였어요. 하나님이 그를 위해 예정하신 운명을 말입니다. 마치 요나처럼요. 물론 신부님도 이미 알고 계시겠지요. 도망쳐서는 안 된다는 것을 깨닫기 전에 요나는 하나님 앞에서 그리고 하나님이 주신 사명으로부터 도망갑니다. 만약 하나님께서 부르신다면 우리는 내적 고민과 갈등을 극복해야 해요. 하나님의 소명은 인간의 모든 행위보다 크다는 사실을 인정해야 합니다."

요나

그들은 죽음 앞에서 소리를 질렀고,
손은 젖은 채 폭풍이 할퀸 밧줄을 꽉 붙잡고 있었다.
그리고 넋이 나간 시선은 완전히 혐오스러운 표정으로
성난 폭풍이 급작스럽게 일어난 바다를 바라보고 있었다.

"영원하며 선하신 성난 신들이여, 도우소서!
아니면 숨긴 죄로 당신을 화나게 한 자를,
살인자를 또는 맹세를 저버린 자를 또는 야유자를,
자기의 초라한 이득을 자랑하기 위해
우리에게 자기 악행의 불행을 숨기는 자를

우리가 알 수 있도록 표징을 주소서!"

이렇게 그들은 간청했다.
그리고 요나는 말했다.
"내가 그 사람입니다!
나는 하나님 앞에서 죄를 지었습니다.
나의 인생은 이제 끝입니다.
당신들은 나를 던지시오! 내가 죄인입니다.
하나님께서 나에게 매우 진노하셨습니다.
경건한 자는 죄인과 함께 죽음을 마감해서는 안 됩니다!"
그들은 두려워 떨었다.
그러나 그다음엔 강한 손으로 죄를 범한 자를 던져 버렸다.
거기엔 바다가 있었다.

디트리히에게

아, 디트리히! 내가 원했던 것은 사실 단 한 가지였어요. 당신 옆에 아주 가까이 있는 것뿐이었어요. 그토록 당신 옆에 가까이 있기를 원했지만 우리에게는 그것이 허락되지 않았어요.

당신과 나! 우리 둘은 마치 전래동화에 나오는 '왕의 자녀' (Königskinder, 독일의 오래된 민속 노래로 그리스 고대 전설의 요소를 포함. 두 왕의 자녀들은 물이 가로막힌 두 개의 세계에 살고 있으며, 장애물을 극복하려는 그들의 비극적인 사랑 이야기.)와 같았어요. 우리는 서로 매우 사랑했지만, "함께할 수는 없었어요. 물이 너무나도 깊었어요."

오! 정말 우리 사이에 놓여 있는 바다는 거품을 내며 사납게 폭풍이 치는 것처럼 마구 요동치고 있었어요. 또 매서운 태풍이 온 나라를 휘몰아치는 동안에 우리가 함께했던 모든 것은 잔인한 풍랑 아래로 흘러 내려갔지요. 너무도 쉽게 가라앉아 버렸어요. 종종 구명보트와 같은 희망은 충분하지 못해요.

당신을 가까이에서 느끼기 위해 내가 시도하지 않은 것이 무엇이 있을까요? 당신과 운명을 함께하기 위해 나는 내 방에 분필로 당신의 감방을 그려 넣고 당신처럼 살려고 했을 뿐 아니라, 심지어 나는 한동안 샤롯덴부르그에 있는 당신 부모님의 집에서 살기도 했어요. 마치 천국과 같은 날들이었지요.

디트리히! 당신은 기억하고 있나요? 그때 나는 당신에게 거의 황홀경에 빠져 편지를 썼어요. "디트리히! 지금 나는 당신의 방에서 잠시 지내고 있어요. 당신의 책들, 당신이 편지를 썼던 당신의 책상, 당신의 소파, 당신의 재떨이, 당신의 신발, 당신이 좋아한 그림들이 있는 당신 방에서 당신을 아주 가까이 느끼고 있지요."

그러나 그런 경험은 항상 허기진 위로에 불과했어요. 그 사이에 나는 19세가 되었어요. 나는 아주 우아하게 당신의 팔에 안기고 싶었어요. 상상 속에서가 아니라 실제로요. 당신의 품에 안기면 어떤 기분인지 알고 싶었어요. 사랑하는 사람과 꼭 껴안고 있는 그런 신체적 접촉이 전 삶을 통해 어떻게 기억되는지 알고 싶었어요. 그렇지만 그렇게 되지 않았지요. 당신과 가까이하는 순간은 단지 늘 나의 상상 속에서만 있었어요. 숱하게 많은 시간 속에서도 말입니다.

당신에게 썼던 편지의 내용이 기억나요. "내가 작아져 당신의 코트 주머니에 쏙 들어갈 수 없다는 것이 너무나 안타까워요. 그럴 수만 있다면 당신은 나를 감옥에서 살짝 꺼내 볼 수 있을 것이고, 우리는 방해받지 않고 오랫동안 함께 이야기할 수 있을 텐데요."

또 다르게 표현한 문구도 있었지요. "내가 당신에게 한쪽 눈을 줄 수만 있다면 얼마나 좋을까요. 내가 보고 즐기는 모든 것을 당신도 함께 느낄 수 있도록 말이에요."

나는 언제나 당신과 '함께하는' 행복을 상상했어요. 그러나 그 행복을 나는 결국 경험하지 못했지요. 결코…….

정말 나는 이 혹독한 현실을 이겨내려고 노력했습니다. 현실을 직시하면서도 자유로운 세상을 꿈꾸면서 말입니다. 우리의 자유로운 세상, 고난에도 마침내 당신과 친밀하게 '함께하는' 우리의 세상을 꿈꾸었어요. 마리아와 디트리히의 세상.

우리의 작은 천국을 내가 얼마나 동경했었는지요. 행복이 넘치는 비밀스러운 우리의 전원 생활을 말입니다. 전쟁의 소용돌이 속에서도 나는 아주 평범한 가정의 행복을 꿈꾸었어요. 여자와 남자, 강아지, 아담한 우리의 집. 그리고 언젠가 태어날 우리의 아이들까지도.

지금도 내가 두려워하는 점은 그 당시에 내가 망상에 사로잡혀 있었던 것입니다. 그것은 희망이 넘치는 망상이었지만 그냥 단순히 망상에 불과했어요. 그리고 그것은 오늘까지도 나를 불안하게 하고 있어요.

날이 갈수록 점점 망상이 나를 완전히 지배했기 때문입니다. 이러한 망상은 태연하게 현실을 옆으로 밀쳐 버리게 했어요. 그리고 시간이 흐르면서 내 모든 행동과 생각을 점령할 정도로 나를 지배했어요.

당시 나는 당신에게 편지를 썼어요. "내 생각 속에 당신이 없었던 순간은 하루에 한 시간도 없었을 거예요. 청소할 때도 박자에 맞춰 생각했지요. 디트리히, 디트리히……."

디트리히 당신, 더 좋게 표현하면, 당신에 대해 내가 꿈꾸는 모습은 내 심장을 두근거리게 했지요. 디트리히!

어떤 사람은 이런 것을 사랑에 빠진 연모라고 말하기도 해요. 그러나 나는 이것을 착각이라고 부르고 싶어요.

당신의 편지들이 나를 무척 감동시켰던 것은 놀라운 일이 아니었어요. 그 편지들은 결국 내 망상에 영양분이 되었어요. 당신에 대한 완전한 신뢰가 꿈의 초석이 되어 거대한 망상의 세계를 만들어낸 것이지요.

당시 당신이 나에게 보낸 편지에 대해 내가 언급한 것을 지금 읽어보면 여기저기에서 당신에 대한 헤아릴 수 없는 그리움을 발견하게 돼요. "나는 당신의 모든 단어, 모든 글자 하나하나를 사랑해요. 그 모두가 당신의 일부분이기 때문이에요."

"나는 당신의 편지를 계속 반복해서 읽고 있어요. 편지를 들고 있을 때 나는 당신과 함께 매우 멋진 대화를 해요."

"당신의 편지를 받는 날이면 마치 축제일처럼 내가 얼마나 기뻐하는지 말로 표현할 수 없을 정도예요. 언젠가 한 번쯤은 내가 당신에게 제대로 표현할 수 있는 시간이 올까요? 아마 세상에 그 이상의 기쁨은 없을 거예요."

"당신이 내게 써준 모든 말은 마치 내게 내민 손과 같아요. 내가 만질 수 있고, 내가 사랑하고, 내가 확실하게 붙잡고 싶은 손 말이에요."

그러나 내가 당신의 편지를 매일 내 것으로 받아들인다 할지라도 확실한 사실은, 편지는 그저 편지에 불과하다는 것입니다. 다시 말하면, 편지는 사람이 될 수 없고, 차가운 종이 한 장은 따뜻함을 품어내지 못해요. 잉크는 피를 대신할 수 없지요. 그리고 편지 봉투를 여는 것은 사랑하는 사람의 옷을 벗기는 것과 결코 비교할 수 없어요.

오늘 나는 그것을 알게 되었어요. 그러나 당시 나는 이러한 것에 대해 알려고 하지 않았어요. 망상은 아름다웠고 힘이 넘쳤으며, 또 그것이 위로하듯 부드럽게 나의 마음에 들어왔기 때문이지요. 정말 망상은 나의 지각을 흐려지게 했고, 우리의 관계가 완전하다고 오랫동안 잘못된 착각을 하게 했어요. 나 스스로 그런 착각을 허락했던 거예요.

어제 다시 나는 우리의 편지 한 부분에서 멈추게 되었어요. 혐오스러운 구절에서요. 너무 혐오스러워 나는 읽을 때마다 매번 놀라 몸을 움찔거려요. 정확히 들어보세요. "만약 우리가 언젠가 다시 함께 있게 된다면, 그때 우리는 하나님께서 우리에게 이러한

시간을 주신 것에 대해 감사하게 될 것입니다."

오! 당시 우리에게 정말 이성적인 능력이 없었나요?

감사한다고요?

감사해요?

당신이 감옥에 있고, 나는 집에 있으면서 당신이 보고 싶어 하염없이 울부짖고 있는 것에 감사해요?

도대체 당신이 믿는 하나님은 얼마나 비합리적인 분인가요?

디트리히 본회퍼! 분명 당신은 현명한 분이지요. 그러한 당신이 어떻게 '민족의 아편'이라고 불리는 종교의 덫에 빠질 수 있나요?

"만약 현재 당신의 삶이 잔혹하다면, 언젠가 당신의 고통이 의미 있는 무언가로 증명될 것임을 믿는 것이겠지요. 훗날 천국을 소유하는 보상을 받을 것이라고 믿기 때문이겠지요."

디트리히! 그때 우리는 정확히 그렇게 왜곡하여 믿고 있었어요. "지금 우리의 삶이 잔혹할 수 있지만, 언젠가 이 고통은 기쁨으로 바뀔 것이라고요."

나는 정말 이러한 생각을 더는 하지 않으려 합니다.

나는 언젠가 행복해지는 것이 아니라, 바로 지금 여기서 행복하고 싶어요.

그러나 무엇보다도 나는 한 가지를 알고 싶어요. 여기 보스턴에서, 내가 이 편지를 쓰고 있는 지금 이 순간조차 망상이 나의 현재 삶을 지배하고 있는지 알고 싶어요.

그러한 것을 결코 다시는 경험하고 싶지 않기 때문이지요.

디트리히! 나에게 말해보세요. 나의 생각과 존재가 일치하고 있다는 것을 내가 어떻게 확인할 수 있지요? 아마 나는 바로 다시 나 자신을 속이고 있을지도 모릅니다. 내가 그 당시 그것을 간파하지 못했던 것처럼 지금도 똑같이 깊이 알지 못하고 있어요. 이 얼마나 참담한 일인가요!

망상을 무너뜨리는 삶이 아닌 오히려 세상 그대로를 바라볼 수 있는 삶이 과연 바람직한 삶이라고 할 수 있을까요? 아니면 그런 삶은 정말 견디기 어려운 것인가요? 아! 저주스러운…….

지금 내가 갑자기 또 생각하고 있는 것을 당신은 아세요?

"디트리히가 지금 내 옆에 있다면 우리는 몇 시간이고 재미있게 이런 주제에 대해 토론할 수 있을 텐데……. 마지막에 가서 당신은 아마도 내가 깊이 생각할 수 있는 여러 가지 현명한 이야기를 해주었을 텐데……."

만약 그때 그랬더라면 지금 과연 어떻게 되었을까요?

최근에 나는 당신이 시베리아의 개신교 교회에서 성인으로 숭배되고 있다는 황당한 글을 읽었어요.

성 디트리히! 성스러운 교도소 형제!

아니에요, 당신은 결코 성자가 아니었어요.

당신도 이 세상의 어떤 교회에서도 성인으로 임명되는 것을 원하지 않았을 거예요. 아무튼 그 당시 시간이 지나면서 나는 당신이 점점 더 교회를 의심하고 있다는 인상을 받았어요. 많은 목회자가 히틀러에게 현혹되고, 히틀러의 혐오스러운 자서전 《나의 투쟁》(Mein Kampf, 아돌프 히틀러가 쓴 정치적, 이념적인 서적으로 전투적이고 선전적인 글로 나치당(NSDAP) 재건하기 위한 목적으로 쓰임.)을 성경의 확장으로 인정했기 때문만은 아니었어요.

무엇보다 교회가 자기들만의 관심사에 치우치는 것이 당신에게는 너무 지나치게 보였기 때문이지요. 당신은 교회 안의 너무 많은 기관과 너무 많은 예배 의식, 그리고 너무 많은 전통적인 것을 비판했습니다.

믿음은 인격과 인격이 만나는 것으로, 하나님과 인간의 관계는 인격적이어야 한다고 믿었지요.

당신은 뉴욕에 있는 흑인들의 교회에서 사회 복음(Social Gospel, 사회 복음 운동은 20세기 초, 주로 개신교 지식인들이 빈민가에서의 생활을 보고 문제를 해결하기 위한 사회복음 운동.)을 알게 되었습니다. 그 흑인 교회는 그야말로 서로가 서로를 위해 존재하고자 했던 교회였고 그 흑인 교회의 예배는 모든 사람이 기쁘게 참여하는 거리낌 없는 축제와 같았다고요. 지식인뿐 아니라 모든 다양한 사람이 참여할 수 있는 예배 말입니다.

그것은 전통적인 예배 순서대로 엄숙한 의식을 거행하는 것이 아니라, 하나님과의 인격적인 관계를 실제적으로 보여주는 신앙 그 자체였어요. 성경과 예식이 중심이 아니라, 인간의 삶에 실제로 적용하며 보여주는 신앙 말이에요.

단언하건대, 나의 아버지와 당신은 아마 종종 대립했을 거예요. 마지막에 내 아버지 한스는 베노히케너 운동(Berneuchener Bewegung)의 추종자가 되었어요. 이 운동은 교회의 무기력해진 현상에 대한 반응으로 예배 형식을 새롭게 만들 것을 요구했지요. 더 많은 성찬식 등으로요.

그런 것을 당신은 탐탁지 않게 생각했어요. 그것 역시 신앙의 내적인 면만 생각했기 때문이지요. 즉, 교회 내적인 일 중심의 비

정치적인 태도를 취했기 때문이었어요. 이와 반대로 당신은 교회가 최소한 세상의 중심에 있기를 원했지요. 세상을 위해 있는 교회 말입니다. 자기만을 위한 교회가 아니라 다른 사람을 위한 교회! 매우 철저하게요.

교인들의 예배가 아니라 삶의 열매를 통해 사람들이 신앙인을 인지해야 한다고요. 그래서 당신은 베노히케너 운동을 질책했어요. "유대인을 위해서 외치는 자만이 그레고리안 성가를 불러도 된다."

믿음은 실질적이어야 하고 단지 예배의 형식으로 만족해서는 안 된다고요.

그러나 지금 나는 디트리히 당신에게 묻고 싶습니다. 그러한 생각은 사랑과도 관련되지 않나요? 인간들 사이에서 일어나는 사랑 말이에요. 우리의 사랑 말이지요. 우리의 사랑도 세상의 중심에 속하지 않나요? 우리의 사랑을 보면, 당신은 우리가 매주 주고받은 편지와 몇 번의 방문으로 위로받았을 뿐이에요. 당신은 단순히 손을 잡고 키스하기보다 수준 높은 신학적인 이야기를 하면서 뒷걸음질쳤지요. 실질적인 삶 대신 형식적인 의식으로요.

완고한 당신!

나는 그 당시 정말 모든 것이 잘되기를 원했어요. 당신도 나도. 그러나 나의 희망은 산산조각이 되어 버렸어요.

누구 때문인지 아시나요?

한번 깊이 생각해 보세요.

당신은 항상 사고하는 것을 좋아하셨잖아요.

누구 때문이었나요? 얼른 말해보세요.

내가 말할게요. 잘 들으세요. 당신이 바로 그 남자입니다!

바로 디트리히, 당신! 당신은 우리와 반대로 결정했어요. 당신의 깊은 내면이 이기주의자였기 때문이에요, 이기주의자!

아! 내가 지금 무슨……무슨 이야기를 하고 있는 건가요?

미안해요.

당신은 그런 분이 아니었어요!

아니, 정말 이기주의자가 맞나요?

지금이 당신이 우리에게 행했던 것을 내가 마침내 당신에게 그리고 나에게 고백해야 할 가장 적절한 시간일까요?

나는 지금 가톨릭 신부님에게 우리의 이야기를 하고 있어요. 당신에 대해, 그리고 나에 대해. 그리고 나는 동시에 내가 이야기하고 있는 동안 내 안에 있는 아주 오래된 분노가 표출되려는 위협을 받고 있어요.

무의식의 동굴 어딘가에 용처럼 웅크리고 있었던 분노로 가득한 미움 말이에요. 지금 나는 그 분노와 미움이 밖으로 뛰쳐나오려는 것에 대해 매우 불안해하고 있어요. 흥분한 채 거친 소리를 내며 탐욕스럽게 나를 삼키려고 위협하는 괴물에게서 공포를 느끼고 있어요.

그렇다면 도대체 내가 무엇을 어떻게 해야 할까요? 나는 전설에 나오는 영웅 지그프리트(Siegfried)가 아니고 마리아예요.

오, 디트리히! 나를 안아주고 위로해 줄 수 있겠어요? 힘있게 피아노를 치던 당신의 굵고 듬직한 손으로 나의 불안한 뺨을 쓰다듬어줄 수 있겠어요? 그것이 아니면 나의 존재가 완전히 조화롭고 진실되게 나타나는 매력적인 편지를 나에게 써줄 수 있겠어요?

망상이 나의 불안보다 더 컸던 것인가요? 잘 모르겠어요. 단지 내가 알고 있는 것은 과거의 기억이 나를 갈기갈기 찢어놓고는 다시 옛날로 빠져들게 한다는 것입니다.

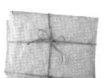

테겔에서의 밤의 소리

길게 뻗은 간이침대에서
회색 벽을 나는 응시한다.
밖에서는 내가 알지 못하는
여름날의 저녁이 노래하며 흘러간다.
밀물은 잔잔히 영원한 해변에서
조용히 사라지고 있다.

잠을 조금 잔다, 영혼과 육체가 강해진다,
밖에서는 민족들과 심장들이 불타오른다.
피같이 붉은 밤이 지난 후 어느 날

당신의 날이 시작될 때까지 - 견디라!

자신의 영혼이 떨고 있음을 듣고
영혼이 어떻게 흔들리고 있는지를 느낀다.
동료의 소리 없는 외침을 듣고,
갇혀 있는 자들의 소리를 듣고.
나에게까지 들리는 침대의 삐그덕 소리.
여기에 모든 것을 에워싸고 있는 이곳에서,
자유를 향해 동경하는 소리를 나는 듣는다.

잠을 조금 잔다, 육체와 영혼이 강해진다,
밖에서는 집들과 영혼이 불타오르고.
피같이 붉은 밤이 지난 후 어느 날
당신의 날이 시작될 때까지 - 견디라!

밖에서는 조심스러운 발걸음들이
가까이에서 멈춘다.
무언가 낭독하는 목소리……조용히 그리고 단호하게.

그리고 나는 분노를 일으키고 냉정을 찾는다.
오, 당신, 나의 형제여! 평정을 되찾으라.
곧 일이 끝난다. 반드시, 곧바로.

시대의 전환점을 나는 보려고 한다.
하늘에 반짝이는 표징이 있다면,
민족들 위에 새로운 종소리들이 울린다면 -
울리고 또 울린다면.
그 밤중에 놀랍도록 빛나는 찬란함에
모든 불안 앞에 놓인 악한 자들이 사라지고,
선한 자들이 기쁨으로 놓여 있는
그 한밤중을 나는 기다린다.

잠을 조금 잔다, 육체와 영혼이 강해진다,
밖에서는 인간과 신들이 불타오르고
피같이 붉은 밤이 지난 후 어느 날
당신의 날이 시작되는 날까지 - 견디라!

면회 시기

"일주일에 한 번 편지 쓰기. 한 달에 한 번 방문하기. 이 시기에 한 시간씩 18회 정도의 방문이 있었어요. 분 단위로 계산하면 1,080분이에요. 1,080분, 이것이 매우 많은 시간처럼 들릴 수도 있어요. 그러나 누군가를 사랑하는 소녀에게는 충분하지 않은 시간이지요. 누군가를 사랑하는 소녀에게는 결코 충분하지 않지요."

마리아는 침실에서 가져온 파란색 긴 가디건을 걸치고 문틀에 기대고 있었다. 전형적인 미국식 스타일로.

"차를 더 끓일까요? 그게 아니면 다른 것으로요? 오렌지 주스? 콜라? 물?

아무것도 원하지 않는다고요? 아, 알겠어요. 나는 지금 신선하게 짠 오렌지 주스를 마시고 싶은 생각이 드네요. 곧 다시 올게요."

그녀는 즉시 돌아서서 주방으로 가더니 바삐 움직이기 시작하였다. 주방 서랍장이 닫히는 소리와 싱크대에서 그릇들이 달그닥거리는 소리가 복도를 지나 거실까지 들려왔다.

"주스 한 잔 마시지 않겠어요? 정말 맛있게 보여요. 붉은 오렌지예요."

그녀가 집 전체가 울리도록 외치며 권유하는 것이 좀 불편하기는 했지만 신부님은 그녀의 제안을 받아들였다.

"네, 좋아요. 그럼 한 잔 마실게요. 번거롭지 않으시다면요."

"그렇지 않아요. 번거로운 일이라면 당신에게 권하지 않았을 거예요."

마리아는 절반으로 나눈 오렌지를 믹서기에 넣고 스위치를 누를 때마다 매번 가벼운 신음을 냈다. 그것은 마치 권투 시합의 라디오 중계 방송처럼 들렸다.

마침내 그녀는 붉은 오렌지 주스 두 잔을 들고 나타났다. 그녀는 손님에게 한 잔을 주고 단숨에 자기 잔을 비웠다.

"아! 정말 좋군요. 그렇지 않은가요? 디트리히가 감옥에서 이렇게 신선하게 짜낸 오렌지 주스 한 잔을 얼마나 그리워했을까요?

그러니까 정확하게 1943년 6월 24일에 나는 처음으로 다시 디트리히와 마주 볼 수 있게 되었어요. 우리가 서로 얼굴을 못 본 지 반 년 이상이 지난 후였지요. 그 만남은 매우 이상한 상황에서 이루어졌어요. 그 상황을 간단하게 설명하기는 어려워요. 잘 들어보세요."

그녀는 빈 잔을 탁자에 올려놓고 식탁 의자 하나를 가져와 가운데 쪽으로 밀었다.

"여기에 디트리히가 앉아 있었어요. 사람들은 디트리히에게 나의 첫 번째 방문을 미리 알리지 않았어요. 그래서 디트리히는 휘둥그레진 눈으로 나를 쳐다보았어요."

그녀는 두 번째 의자를 그 옆에 간격을 두고 놓더니 앉았다. "여기에 내가 앉았어요, 이렇게. 대략 여기에요……."

그녀는 또 다른 의자를 밀어놓았다. 그래서 전체가 이등변삼각형 모양으로 연결되었다. "거기에 '히틀러의 사냥개'라고 불린 최고 전쟁 재판위원인 만프래드 뢰더(Dr. Manfred Roeder, 나치 정권 시절 독일의 군사 재판관으로서 나치에 저항하는 자들의 45건의 사형 판결에 결정적으로 책임있는 자. 그는 가혹한 탄압과 관련된 인물로 저항 운동에 대한 억압을 많이 한 자.) 박사가 앉아 있었어요. 그는 주로 디트리히의 심문을 담당했습니다."

마리아는 방문자가 질문하고자 하는 의도를 알아차리고는 잠깐 손을 올렸다.

"당신이 무엇을 알고 싶어 하는지 짐작합니다. 거기에 대한 대답은 '아니오'입니다.

아니오! 그 사냥개는 한 번도 고소당하지 않았어요. 오히려 그는 전쟁 후 재판에서 명령 수행을 훌륭하게 한 사람으로 인정받았지요. 그 이유는 당시에 그가 유효한 법적 권리에 따라 의무를 충실히 이행했기 때문이라는 것이었어요. 그러므로 그가 했던 일에 대해 그는 어떤 변상도 할 필요가 없었습니다.

심지어 더 황당한 일이 일어났어요. 뢰더는 자기가 괴롭혔던 희생자의 친인척을 중상모략죄로 고소했습니다. 나중에 그는 기독교민주당(CDU)에 입당했고, 최종적으로 내가 들었던 것은 그가 타누스 글라스휘텐의 부시장이 되었다는 소식입니다. '정의의 균형'이라는 구호로 말입니다.

아무튼 나의 기억에 1943년 당시 직접 본 그는 허세 가득한 인상으로 남아 있어요. 그는 어리석게 보이지는 않았지만 독선적인 태도로 설명했어요. '방문 중에 모든 충동적인 접촉이 금지되어 있다는 것을 죄수자 여러분에게 고지하는 바입니다.'

이 남자가 어떤 음흉한 상상을 혼자 하고 있었는지, 아니면 실제로 때에 따라 죄수의 면회를 통해 성적인 행동을 한 부부가 있었는지는 모르겠습니다. 그러나 나에게 그곳은 그런 분위기가 전혀 아니었습니다. 그래서 나는 디트리히가 답변하는 것을 보고 매우 놀랐습니다. '우리는 우리 약혼을 공식적으로 알렸지만, 나는 약혼자에게 키스 한번 하지 못했습니다.'

그러자 뢰더 박사는 선심을 쓰는 척하며 손을 들고 말했습니다. '그렇다면 당신은 해도 됩니다. 예외적으로 허락하겠습니다.' 그래서 나는 정말 디트리히와 처음으로 그렇게 키스를 했어요. 비열한 나치 상관들과 조롱하며 보초를 서는 교도관들 앞에서.

키스! 단지 우리의 입술을 가볍게 접촉한 것이 전부였습니다. 그럼에도 그 짧은 키스에는 지난 여러 달 동안 우리 안에 쌓였던 모든 감정이 녹아 있었습니다.

마치 누군가가 조절 장치를 연 것처럼 우리는 입술이 닿자 강력한 감정의 전율이 흐르는 것을 느꼈어요. 그 2초로 충분했습니다.

나는 고백합니다. 나의 생애에서 전에도, 후에도 결코 그런 키스는 없었음을······."

그녀는 방문객을 슬프게 쓱 쳐다보았다.

"그때부터 나는 한 달에 한 번씩 약혼자를 만나기 위해 감옥에 면회를 다녔습니다. 결코 쉬운 일은 아니었지만 매번 면회 가는 날이 나에게는 축제의 날이었어요."

마리아는 좀 전에 자기가 가져다놓은 의자에 앉았다. 마치 방금 디트리히에게 키스를 받은 것처럼 약간 멍한 모습으로. 그녀는 다시 새롭게 과거의 추억에 잠겼다.

"당신의 손을 잡아도 되나요, 디트리히? 이것은 허락되는 것인가요, 아니면 이것조차 '충동적인 접촉'으로 간주되는 건가요? 디트리히!

내가 당신을 기다릴 때······우리의 다음 만남을 기다릴 때는 시간이 왜 그리 천천히 지나가는지요. 그러나 당신을 만나는 시간은 너무나도 쏜살같이 빠르게 지나가요.

어쩌면 한 시간이 그렇게 빨리 지나가는지요!

나에게 이 한 시간은 완전히 행복이 넘치는 순간이에요. 그러나 이것은 진정한 행복이 아니지요. 이 한 시간에 우리의 모든 삶이 묶여 있기 때문이에요. 너무 많이요. 그래서 나는 항상 다음번에 있을 '허가받은 면회 시간이 오히려 두려워요. 그 정도로 이 한 시간에 우리의 모든 기쁨과 동시에 모든 두려움이 달려 있어요. 그리고 나는 그 시간에 당신을 충족시키지 못한 느낌을 항상 가지고 있지요. 당신도 알고 있나요, 디트리히?

그리고 나중에……나중에 면담이 끝나고 당신과 헤어지고 나면, 당신에게 말하려고 했던 것과 말했어야 했던 것이 늘 생각났어요. 엄청난 긴장감 때문에 할 말을 잊어버리곤 했던 거예요.

심지어 가끔 나는 집에서 몇 가지 목록을 작성하기도 했어요. '디트리히와 우선적으로 대화해야 하는 주제.' 그 목록에는 당신과 무조건 이야기해야 하는 중요한 내용이 기록되어 있어요. 그러나 막상 당신을 만나면 대부분 잊어버리고 말았지요.

우리는 한 번도 우리 둘만의 시간을 가진 적이 없어요. 항상 누군가가 옆에서 우리를 응시하며 쭈그리고 앉아 있는데 어떻게 우리가 서로 솔직하게 속마음을 털어놓을 수 있겠어요?

나는 감시자들을 무시하려고 노력했지만 그것은 불가능했어요. 명백한 것은 약혼자인 우리가 단둘만의 시간을 갖고 서로 이야기를 나누지 못했다는 사실이지요. 이 얼마나 참담한 일인가요!

혹시라도 우리의 대화로 인해 잘못된 인상을 주면 디트리히 당신에게 불리하게 작용할 수 있기 때문에, 우리는 관객이 있는 커다란 무대에 앉아 마치 연극을 하는 것처럼 대화를 하지요.

"당신을 만나는 게 얼마나 행복한지 모르겠어요."

"……네, 나는 잘 있어요.' '당신이 석방된다면 나는 너무나 기쁠 거예요."

그러면서 나는 알게 되었어요. 이렇게 분위기에 맞춰 좋다고 표현하는 것이 모두 거짓임을 왜 몰랐겠어요?

디트리히! 우리는 여기에 같이 앉아 서로 거짓말을 하고 있는 거예요. 그래서 우리는 이런 거짓말이 빨리 끝나야 한다는 것 외에는 아무것도 바라지 않지요.

여기, 당신에게 책 한 권 가져왔어요. 릴케의 시집이에요. 당신이 릴케를 별로 좋아하지 않는다는 것을 알고 있어요. 그러나 우리가 같은 책을 읽을 수 있다는 사실에 나는 정말 행복했어요. 마치 당신과 하나로 연결된 것 같은 느낌을 갖게 되었지요.

마찬가지로 우리가 정해진 시간에 함께 하늘을 쳐다보고 있거나, 이러한 악몽이 어서 끝나게 해달라고 같은 시간에 함께 기도한다는 것을 생각하면 역시 행복해졌답니다.

혹시 악몽이라는 단어를 사용해서는 안 되나요? 악몽! 왜 안 되나요?

물론 나는 감시자가 우리를 주시하고 있다는 것을 알고 있어요. 그래도 상관없어요. 오늘 나는 한 번쯤 진실을 말하려고 해요. 우리의 편지는 모두 검열되기에 편지에조차 쓸 수 없는 것에 대해서요.

내가 편지에 쓴 모든 말에 대해 "검열관은 이런 표현을 어떻게 이해할까?"라고 생각하는 것은 정말 너무도 끔찍해요.

그래서 나는 항상 두 사람에게 동시에 편지를 쓰지요. 하나는 당신에게, 그리고 다른 하나는 악마와 같은 감시자에게 말이에요. 그들은 나의 글을 모독하고, 그 글의 가치를 빼앗고, 그 글을 쓸 때마다 나의 감정을 속박했어요. 정말이지 불쾌하기 짝이 없었어요.

　감시자는 오늘 내 말을 들어야 해요. 나는 모든 사람이 알고 있는 것을 말하는 것이니까요.

　알았어요. 진정할게요. 당신은 모든 상황을 항상 긍정적으로 바라보지요. 최근에 당신이 어떻게 표현했던가요? "당신의 방문이 나에게 어떤 의미인지 내가 당신에게 어떻게 설명해야 할까요? 당신의 방문은 모든 어려움과 염려를 내쫓아주고 온종일 위대하고 고요한 행복의 원천이 되고 있어요."

　그것은 사실이었을 거예요. 나도 마찬가지이니까요. 무엇보다도 우리가 함께 우리의 미래를 꿈꿀 때 더욱 그랬어요. 지금 여기서 우리에게 허락되지 않는 것을 우리는 우리의 꿈에서만큼은 마음껏 상상력을 발휘할 수 있었으니까요.

　그것은 나에게 매우 중요했어요. 나는 우리의 결혼식을

상상하며 그리는 것을 좋아했어요. 더 정확하게 말하면 그것을 계획하는 것 말이에요. 언젠가 그 결혼식은 꼭 이루어질 것이라 믿었기 때문이지요. 하나님께서 원하신다면…….

그리고 우리는 멋진 상상을 했지요. "나는 혼수품을 이미 완벽하게 준비했어요." "화려하고 아름다운 꽃 장식을 상상하고, 누가 신부인 나의 손을 잡고 결혼식장에 들어갈 것이며 내 들러리를 서줄지 상상했지요." "모든 것을 완벽하게 준비하고 계획을 세웠어요." "또 나는 우리가 함께할 첫 번째 거실을 상상하며 즐겨 보았어요. 거실에 놓일 가구들과 갖가지 주방용품들……."

당신도 가끔씩 우리가 어떻게 살게 될지 상상하고 있나요? 우리의 정원에는 하얀 탁자와 긴 의자 한 개, 그리고 두 개의 작은 의자가 반드시 있어야 해요. 여름에는 항상 밖에서 아침 식사를 할 수 있도록 말이에요.

또 우리는 아마도 강아지 한 마리를 키우겠지요. 그 강아지는 항상 발자국 소리를 내면서 쓰다듬어 달라고 우리에게 다가올 거예요. 그리고 강아지는 풍성하게 차려진 우리의 식탁에서 떨어지는 부스러기를 먹으려고 오겠지요.

디트리히! 이런 상상은 정말 엄청나게 멋진 일이에요. 꽃이 만발한 나무 아래에서 당신과 내가 처음 만나 산책했듯이 우리가 원하기만 한다면 우리는 언제든 키스해도 돼요. 우리는 이제 결혼했기 때문이지요.

정말 그렇게 되는 것은 이제 오래 걸리지 않을 거예요. 당신은 아마 성령강림절 휴일에 집에 가게 될 것 같다고 편지에 썼어요.

당신은 이미 부활절 전에도 집에 올 거라고 썼지요……그리고 송년회 전에도……크리스마스 전에도……그리고 스키 여행 전에도…….

당신이 말했던 것처럼 그렇게 1944년은 아마도 우리가 함께할 수 있는 해가 꼭 될 거예요. 지금 우리는 이미 오래전에 중간쯤에 와 있어요.

당신은 여전히 우리의 미래가 실제로 펼쳐질 수 있다고 믿고 있나요? 아니면 단지 계속 그럴 것이라고 믿을 뿐인가요?

오! 시간이 벌써 다 지나가요. 감시자가 투덜거리며 자기 시계를 가리켜요. 나는 다시 가야 해요. 4주 후에 다시 만나요. 제발 나에게 편지를 써주세요!

그렇지 않으면 내가 도대체 어떤 힘으로 살아갈 수 있겠어요?"

마리아가 갑작스럽게 일어났기 때문에 의자가 뒤쪽으로 넘어졌다. 그러나 손님이 움직이기 전에 그녀는 의자를 이미 제자리에 놓았다.

"나는 매우 힘들었어요. 그러나 그런 내색을 할 수가 없었지요. 나는 디트리히에게 더 많은 부담을 주고 싶지 않았어요. 그는 감옥에 갇혀 있었고 고통을 안고 있는 사람이었습니다. 그는 오히려 위로와 지지를 받아야 했어요.

정말이지 그런 사실 자체가 나에게는 믿을 수 없을 정도로 힘들었어요. 도대체 감옥에 갇혀 있는 사람을 내가 어떻게 도와야 하는지, 어떻게 그에게 용기를 북돋아 주어야 하는지, 일상적인 생활에서 배제된 사람을 어떻게 위로해야 하는지…….

단지 한 가지 분명한 것은, 나에게 일어난 어떤 즐거운 일에 대하여 디트리히에게 말하는 것이 정말 어려웠다는 것입니다.

예를 들면, 숲을 가로질러 말을 타고 달린 일, 민속 축제에서 춤춘 일, 친구들과 즐겁게 보낸 저녁 시간, 피아노 치며 노래 부르는 일 등이 그런 것이지요.

이런 일로 가끔 행복감을 느낄 때마다 나는 정말 견딜 수 없을 정도로 부끄러움과 죄책감을 느껴야 했지요. 약혼자가 교도소에 있는데 젊은 약혼녀가 혼자 행복감을 누려도 될까요?

그렇다고 아침부터 저녁까지 검은 리본을 꽂고 슬퍼하며 다닐 수는 없는 일이잖아요. 그러나 나는 매 순간 느꼈어요. 디트리히의 삶이 나의 삶과 긴밀히 연결되어 있고, 불행하게도 그와 단단히 묶여 있어 내가 자유롭지 못하다는 사실을 말이에요.

나는 그에게 힘을 주는 사람이 되고 싶었어요. 그를 강건하게 하고 후원하고 지탱해 주는 사람이 되려고 부단히 노력했습니다. 확실히 나는 그로 인해 지나치게 무리했어요. 나 자신도 누군가의 도움이 필요한 사람이었기 때문이지요. 단지 나는 오랫동안 그것을 인정할 자신이 없었을 뿐입니다.

1944년 초여름쯤 언젠가부터 우리가 주고받던 편지에서 어투가 약간씩 바뀌기 시작했습니다. 처음에는 알아차리기 어려웠지만, 갈수록 점점 더 명확하게 알게 되었지요. 처음에 우리는 자유로운 사랑의 꿈을 실현하기 위해 우리의 현실을 일단 외면하고 서로 용기를 북돋아 주었습니다. 그러나 시간이 갈수록 점점 더 우리는 솔직해졌습니다.

예를 들면, 디트리히는 어느 날 갑자기 이렇게 썼습니다. '나는 이제 울지 않으려고 합니다. 눈물은 강한 사람만 돕고 약한 사람은 병들게 합니다.'

분명히 디트리히에게서 '약함'이라는 단어가 튀어나왔어요.

갑자기 디트리히는 편지에서 아버지 같은 목회 상담자가 아니라, 처음으로 내 약혼자로서 이야기했습니다. 그동안 우리가 서로 함께하며 발전되고 성숙한 관계가 시작된 것이지요.

마침내 나는 그에게 진실한 파트너가 되었습니다. 크게 성장해 버려 더는 보호할 필요가 없는 소녀가 아니라 한 사람의 진실한 파트너로서 그의 앞에 서게 된 것입니다.

우리가 더욱 서로 솔직해지게 된 것은 여러 가지 방법으로 편지를 몰래 주고받을 수 있었기 때문이지요. 심지어 잼이 들어 있는 병에 편지를 감추기도 했어요. 그런 경우에는 검열을 피할 수 있었어요.

이로 인해 우리가 오랫동안 미루어 짐작하던 것이 이제는 우리에게 커다란 부담으로 드러나게 된 것이지요. 우리는 처음으로 솔직하게 말할 수 있었기 때문에 이런 힘든 상황으로 인해 우리 둘이 얼마나 고통받고 있는지 알게 되었어요.

디트리히는 이 상황에서 나에게서 딱 한 가지를 알고 싶어 했어요. 내가 우리의 사랑에 대해 충분히 강한 확신이 있는지, 즉 우리의 사랑이 극심한 고난을 극복할 만큼 성장해 있는지 알고 싶어 했어요. 당시 디트리히는 편지에 이렇게 썼어요. '*사랑하는 마리아! 우리 서로 자유롭게 이야기해요. 가끔씩 우리가 서로 진심으로 사랑하고 있다는 것을 믿기가 어려워요. 우리는 아직도 서로에 대해 많이 알지 못해요.*'

그는 정확히 이렇게 썼어요.

사실 나는 디트리히를 거의 제대로 알지 못했고, 다른 남자를 동경하며 그리워했지요. 예컨대, 내가 원하면 언제든 자전거를 타고 해변가를 달릴 수 있는 남자, 나를 웃게 해주는 남자, 초록색 줄무늬가 그려진 새 옷이 나에게 어울린다고 말해주는 남자 말이에요.

그러나 현실은 그것과 완전히 달랐고, 우리 대화에서 하는 모든 말을 나는 수백 번 생각하고 신중하게 골라서 해야만 했지요.

　더욱 심각한 것은 지금까지 침착하게 나를 도와주는 자로만 알고 있던 그 유명한 신학자가 오히려 자기를 구해달라고 부탁하기 시작한 것입니다.

　디트리히는 나에게 자기를 떠나지 말라고 간청하는 편지를 썼습니다.

　'진심으로 사랑하는 나의 소중한 마리아! 종종 나에 대한 생각으로 괴로워하고 있지요? 오! 나의 사랑, 사랑하는 마리아! 내가 당신으로 인해 기쁘고 행복하며, 당신이 내 삶의 가장 큰 기쁨이고 행복이라는 사실 하나만으로 당신은 충분히 만족할 수 없나요?

　만약 나에 대한 당신의 사랑이 확실하지 않다면, 내가 당신 그 자체를 정말 사랑하고, 당신에게 아무것도 원하는 것이 없으며, 어떤 희생도 원하지 않고, 오직 당신만을 원한다는 사실 하나만으로 충분하다고 말할 수는 없나요? 당신은 나 없이도 계속 살아갈 수 있습니까?

　말해 주세요. 만약 당신이 나 없이도 살 수 있다고 생각한다면, 정말 그렇다면 내가 당신 없이는 살아갈 수 없다는 것을 알아도 당신은 여전히 혼자 살아갈 수 있나요? 아니오! 그것은 전적으로 불가능합니다. 그래서 우리가 늘 함께 있는 것처럼 우리는 서로에게 속하고 함께 머무를 것이며 나는 당신에게서 떨어지지 않을 겁니다.

내게 솔직하게 말해 주세요. 우리가 앞으로 살아 있는 동안 얼마나 자주 만나게 될지 우리는 알지 못해요. 지금은 그런 시기입니다. 나는 매우 부담스러운 생각을 하곤 합니다. 우리가 좀더 우리의 상황을 개선하지 못했던 것에 대해 먼 훗날에 한 번쯤은 자기 비난을 해야만 하게 될 것을요……'

고작 열아홉 살이었던 내가 그의 말에 무슨 대답을 할 수 있었을까요? 이런 내용의 편지가 또 왔어요. '우리가 이 모든 것을 편지로 서로 상의해야만 한다는 것은 쉽지 않은 일입니다. 그러나 이것은 하나님의 뜻입니다. 하나님의 뜻과 그에 대한 우리의 복종에 대해서는 결코 토론할 것이 없습니다.'

하필이면 내가 감옥에 있는 남자와 약혼한 것이 정말 하나님의 뜻인가요?

나는 이것에 대해 오늘날까지도 의문을 갖고 있습니다.

내가 디트리히의 글을 보면서 그가 자신의 잠재의식의 압박에 대해 분노하는 것보다도 더 크게 놀랐던 것은, 바로 불안해하고 절망하고 투쟁하는 디트리히를 처음으로 접하게 되었다는 사실이에요.

그날 디트리히는 더는 자기의 감정을 숨기지 않은 글을 여러 번 썼습니다."

과거

당신은 갔습니다. 사랑했던 행복
그리고 어렵게 사랑했던 고통.
문이 쾅 하고 닫혔습니다.
나는 단지 이것만 알고 있습니다.
당신은 갔고 –
그리고 모든 것은 지나갔습니다.
나만 여기에 존재합니다.
고통스러운 그리움으로.

내가 지금 어떻게 당신을 붙잡고,

지금 내가 당신을 붙들고 꽉 매달려서

당신이 아프다는 사실을 분명히 느끼시나요?

당신은 세속적이고 완전한 삶을

단지 당신 가까이에 확실히 남아 있게 하기 위해 붙들고 있습니까?

단지 모든 것이 과거로 사라지지 않게 하기 위해

내 자신의 피를 보려고 갈망하는 것을

당신은 예감하고 있습니까?

삶이여! 당신은 나에게 무슨 일을 가한 것입니까?

내가 울도록 왜 당신은 가버렸습니까?

과거여! 당신이 나에게서 도망친다면-

당신은 나의 과거로 남지 않습니까- 나의?

태양이 아주 빠르게 바다 속으로

가라앉는 것처럼,

당신의 형상도 역시 어두움 속에 가라앉고

가라앉습니다.

당신의 웃음을 삼키고, 당신의 손과

모든 것은 지나갑니다.
단지 나만 여기에 잔존해 있습니다.
고통스러운 그리움으로.

나는 당신 존재의 향기를 들이마시고 싶고,
그 향기를 흡입하고 싶습니다.
밤나비가 쥐똥나무를 마시게 되는 것처럼.
그렇지만 사나운 바람은 꽃봉오리들을 상하게 합니다.
그리고 나는 바보처럼 무상 앞에 서 있습니다.

삶이여! 당신은 나에게 무슨 일을 가한 것입니까?
내가 울도록 왜 당신은 왜 가버렸습니까?
과거여! 당신이 나에게서 도망친다면 –
당신은 나의 과거에 남지 않습니까– 나의?

나에게서 당신이 서둘러 가버린다면,
그것은 마치 내가 뜨거운 불집게로
나의 몸 조각 조각을 떼어내는 것과 같습니다.

미쳐 날뛰는 분노가 나를 덮칩니다.

왜! 나는 다시 그리고 계속해서 생각합니다.

내가 무엇을 잃어버렸는지 발견할 때까지!

그러나 이것은 희망 없는 수고입니다.

바람을 잡으려는 노력.

나를 위로해 주려는 모든 살아 있는 아름다운 것을 증오합니다.

나는 나의 삶을 원합니다.

나의 고유의 삶을 되돌려 받기를 요구합니다!

나의 과거! 당신을!

나는 손을 들고

기도하고 새로운 것을 경험합니다.

지나간 것은 당신에게 다시 돌아옵니다.

당신 삶의 가장 살아 있는 순간으로서

감사와 후회를 통하여.

과거 속에서 하나님의 용서와 선함을 이해합니다.

하나님께서 당신을 오늘도 내일도 지켜주시기를 기도합니다.

본회퍼의 위대한 사랑

"'고통스러운……뜨거운 불집게……미쳐 날뛰는 분노……바람을 잡으려는 노력……바보처럼 무상 앞에……모든 살아 있는 아름다운 것을 증오……내 자신의 피를 보려고 갈망하는 것'……오, 맙소사!

디트리히의 이러한 표현들은 매우 강렬합니다. 그렇지 않나요? 깊은 쓰라림으로 가득 찬 절망스러운 문장들.

그러나 무엇보다도 우리는 이런 디트리히를 전혀 알지 못하고 있지요. 단지 현명한 디트리히, 인자한 신학자와 믿음의 영웅으로만 알고 있어요.

디트리히가 이러한 파괴적인 감정을 지니고 있었다는 것을 누가 알았겠습니까? 그의 내면에 그처럼 파괴적인 절망과 불안이 있었다는 것을요."

마리아는 자기 앞에 앉아 있는 상대방을 기대에 찬 눈으로 바라보았다. 그리고 약간 환호하는 투로 말했다.

"신부님은 지금도 여전히 디트리히가 자신의 고통을 견뎌냈던 비밀을 정말로 털어놓았다고 믿고 계신가요? 고통을 어떻게 참아내는지 지금도 디트리히에게서 배울 것이 있다고 생각하시나요?"

그녀는 방 전체를 쭉 둘러보았다.

"오, 점점 날이 저물어가고 있군요."

약간 격앙된 그녀는 닫힌 커튼을 다시 옆으로 밀치기 위해 창문으로 다가갔다. 그런 다음 그녀는 더 좋은 것을 생각해낸 듯 우윳빛이 도는 천장에 있는 등과 튤립처럼 생긴 여러 개의 잔이 붙은 스탠드 등을 켰다. 등을 켜기 전 어두울 때는 커다란 안락의자에 앉아 있던 손님의 모습이 거의 보이지 않았으나, 등을 켜자 갑자기 손님은 밝은 빛으로 인해 눈이 부시는지 눈을 깜박거렸다. 그는 바른 자세를 하고 의자의 앞 모서리에 앉았다. 그리고는 더듬거리며 그녀에게 물어보았다.

"끝없는 고통과 불확실한 상황을 당신은 어떻게 참아냈는지 나에게 설명해 주시겠어요?"

마리아의 얼굴 근육이 경직되었다. 그리고 약간 큰 소리로 대꾸했다.

"도대체 누가 내가 그것을 참아냈다고 말하던가요? 말도 안 돼요! 누가 그렇게 말하던가요?"

그녀는 놀라워하며 두 손으로 얼굴을 감쌌다.

"아! 죄송합니다. 당신의 질문은 당연해요. 그런데 내가 그것에 대해 만족스럽게 대답할 수 있을지 잘 모르겠어요.

그 당시 나는 단순히 나의 상상의 세계, 완전히 자유롭고 안전한 세계로 도피해서 살았던 것 같아요. 그리고 나는 감옥에 갇힌 약혼자의 곁을 떠난다는 것은 어떠한 경우에도 상상할 수 없었지요. 아마 모든 사람이 그럴 거예요.

그래서 나는 계속해서 현실과 싸워야 했고 고통을 겪었습니다. 그리고 나의 생활에서 진부한 예식으로 믿음을 지키려고 했지요. 기다려 보세요······."

마리아는 앉아 있던 의자 뒤에 비더마이어식(Biedermeier-Sekretär) 책상으로 가서 은색 사진틀 속 사진을 빼내어 손님에게 보여주었다.

"이것 좀 보세요. 디트리히의 사진입니다. 당시 내가 어디에 있든 상관없이 내 침실 탁자에 올려 놓았던 사진이에요. 이 사진을 가지고 내가 방금 말한 예식을 매일 거행하였던 것이지요.

신부님께서 상상할 수 있을지 모르겠습니다만, 나는 매일 아침 여기 있는 이 사진을 내 앞에 놓고는 이렇게 디트리히에게 크게 말했어요. '좋은 아침, 디트리히! 잘 잤어요? 지금 당신은 기쁜 얼굴을 하고 있나요? 나를 생각하고 있나요? 나를 여전히 사랑하고 있나요? 곧 이루어질 우리의 만남을 상상하며 기뻐하고 있나요?'

물론 나는 나의 모든 질문에 우주 어디에선가 '예!'라고 울려 퍼지는 소리를 들었습니다. 그것은 날마다 나에게 충분히 에너지를 주었습니다."

그녀는 사진을 들어 입을 갖다 댔다.

그리고 사진 속 디트리히에게 입맞추었다.

본능적으로. 그녀가 전쟁 동안 아마 백 번 정도는 했을 방식으로.

입술을 떼면서 그녀의 시선이 손님의 눈과 마주쳤다.

그녀는 깜짝 놀라며 사진을 옆에 내려놓고 엄지손가락으로 콧등을 비볐다. 거의 일 분 정도 그녀는 고심하고 있는 것처럼 보였다.

그런 다음 서랍장을 열고 커다란 뭉치를 조심스럽게 끄집어냈다. 그리고 다시 손님을 돌아보며 마치 어린아이처럼 그 뭉치를 가슴에 품었다.

"여기……이것은 디트리히와 내가 끔찍했던 나치 통치 시기에 나눈 편지들입니다. 종이 위에서 나누었던 사랑이지요. 정신 나간 몇몇 사람이 많은 돈을 지불해서라도 가지고 싶어 했던 그 편지들입니다. 그 사람들은 잉크로만 이루어진 사랑의 관계에 대해 이야기하고 싶어 했어요.

그래서 많은 신학자가 이 편지들을 읽으려고 집착했었나 봅니다. 우리의 사랑이 놀랍게도 기독교인들에 대한 하나님의 사랑을 보여주는 것처럼 여겨졌기 때문이지요. 디트리히와 나는 단지 편지를 통하여 '말로만' 서로 사랑할 수 있었던 것입니다.

그러나 가장 중요한 것은 이 편지들 자체도 나에게는 하나의 의식 도구가 되어 버렸다는 것입니다. 내가 매일 이 편지들을 읽었기 때문이지요. 그것들을 모두 외울 수 있을 때까지요. 문장 하나하나가 따뜻하고 의미 있게 내 안으로 들어와 나를 감쌀 때까지.

종종 나는 눈을 감고 읽었어요. 그리고 그의 글들이 내 안에서 그대로 계속 울리게 했습니다. 그의 목소리가 내 안에서 울려 퍼지도록.

이 편지들은 바로 '디트리히' 그 자체였습니다. 나에게 이 편지들은 내가 한 달에 한 번씩 어쩔 줄 몰라 하며 마주하는 한 낯선 남자보다 더 가까운 디트리히 자신이었다고요. 이 편지들은 우리가 함께 있도록 힘을 주었어요. 이 편지들은 내가 꼭 붙잡고 버틸 수 있는 모든 것이 되어 주었기 때문이지요.

심지어 나는 이런 것에 대해 디트리히에게 편지를 썼습니다.

'사랑하는 디트리히! 어떻게 당신은 이런 멋진 편지들을 쓸 수 있나요? 나는 당신의 모든 문장을 사랑하고, 심지어 당신의 글자 속의 동그라미까지도 사랑해요. 당신의 편지를 받으면 마치 당신이 내 옆에 앉아서 나에게 말하는 것처럼 느껴져요. 우리가 아직 한 번도 전혀 이야기해 본 적이 없지만, 언젠가 우리가 함께 있게 된다면 우리는 서로 마주 보며 이런 이야기를 나누게 될 것이라고 상상하면서 말이에요.'"

마리아는 힘들게 호흡했다. 그녀의 눈에서 눈물이 주르륵 흘러내렸다. "그럼에도 나는 알고 있었습니다. 글만으로는 너무 부족하다는 것을요. 나는 사랑에 대해 글로만 읽고 싶지 않았어요. 실제로 사랑하며 살고 싶었어요. 현실에서 경험하고 싶었다고요! 종이 위에서 하는 사랑이 아니라 몸으로 느끼는 사랑을."

그녀는 손에 든 종이 뭉치를 증오심이 가득한 눈으로 응시했다. 그러더니 날카로운 고함을 지르며 바닥에 던졌다. 그녀의 얼굴은 어쩔 줄 몰라 하는 난처함으로 가득했다.

상자 하나가 순식간에 열렸다. 봉투들이 바닥 곳곳에 흩어졌다. 바닥에 물든 흰 얼룩처럼.

마리아는 움직이지 않았고 신부에게 그대로 앉아 있으라고 눈썹을 치켜들며 말했다.

"해피 엔딩으로 결론이 날 줄 안다면 우리는 모든 것을 참아낼 수 있을 것입니다. 정말 힘든 일을 성공적으로 이겨낸다면 나중에 웃으면서 회상할 수 있을 테니까요. 그러나 만약……어떻게 말을 할 수 있을까요?……만약 슬프게 결론이 난다면, 만약 끝없이 깊은 곳으로 떨어진다면 그 상처는 아물지 않을 것입니다, 결코."

그녀가 계속해서 이야기를 끌어갈 때 갑자기 그녀의 목소리가 라디오 뉴스 아나운서의 목소리처럼 들렸다.

"1944년 9월, 정확히 말하면 9월 20일에 나치 군사 중 누군가가 우연히 디트리히와 함께 일하였던 한스 폰 도나니의 비밀 서류를 발견했습니다. 두꺼운 서류철에는 오해의 여지가 없이 내 약혼자가 암살 계획 준비에 가담하였다는 내용이 있었어요. 히틀러는 미쳐 날뛰었지요.

상황이 더욱 악화된 것은 이제 나치들이 디트리히에게 불리한 정황의 자료를 갖게 되었기 때문이었습니다. 피상적인 법적 다툼은 물거품이 되고, 그동안 한없이 지연되던 고소도 급물살을 타게 되었어요. 폰 도나니의 메모는 최종적인 증거로 충분했습니다. 그것으로 모든 것이 명백해졌지요. 그들은 디트리히에게 가차없이 선고를 내릴 수 있게 되었습니다.

이 일로 인한 충격은 내 모든 삶의 원동력을 빼앗아갔어요. 우리의 거대한 희망, 물 위에 떠 있는 구조선처럼 나를 지켜주던 희망이 한꺼번에 갑자기 가라앉기 시작했습니다. 자유로운 미래에 대한 우리의 숭고한 상상은 보잘것없는 무대장치처럼 부서져 버렸고, 나의 심장을 잔인하게 갉아먹는 어려운 현실이 펼쳐지게 된 거예요.

나는 숨을 쉴 수 없을 정도로 힘들었어요, 여러 날 동안.

그런데 내가 희망을 포기하려고 할 때 나치 감옥의 교도관 중 한 사람이 나에게 연락을 해왔습니다. 하위급 장교 크노블로흐였어요. 그와 그의 동료 몇 명은 디트리히를 염려하면서 나에게 근황을 전해주었어요.

가장 최근의 움직임에 따르면 게슈타포가 디트리히를 프린츠 알브레히트가에 있는 제국 본부의 지하 감옥으로 옮기려 한다면서 그들은 디트리히가 탈출하도록 돕자고 제안했습니다. 디트리히는 반드시 감옥에서 나와야 한다는 것이었지요.

"이 엄청난 일을 도대체 어떻게 해낼 수 있단 말인가요?"

내가 놀라서 묻자 그는 그저 미소를 지으며 말했습니다.

"폰 베데마이어 양, 잘 들으세요. 당신의 약혼자와 저는 탈출하려고 합니다. 진짜 우리는 감옥에서 몰래 빠져나와 도주하려고 해요.

지난 몇 달 동안 그는 저에게 정말 많은 선을 베풀었습니다. 그래서 저는 그에게 기꺼이 보답하려고 해요. 제가 당신의 편지들을 몰래 전해주었던 것처럼요. 당신의 약혼

자는 매우 좋은 사람입니다. 그를 그렇게 파멸에 이르도록 내버려두는 것은 결코 타당하지 않아요.

잘 들으세요. 물론 본회퍼 목사님께서는 변장을 해야 합니다. 함석장이로요. 아시겠어요?

걱정 마세요. 저는 반드시 그것을 해낼 것입니다. 저는 그에게 맞는 옷과 오래된 공구 가방을 이미 준비했습니다. 그것을 몰래 가지고 들어갈 것입니다. 저를 믿어주세요. 진짜 함석장이같이 보일 거예요. 목사님은 그것을 잘 해낼 것입니다. 그는 분명 함석장이처럼 말할 수 있게 될 것이고, 만약 그렇지 못한 경우에는 금방 배울 수 있을 것입니다.

저의 계획은 이렇습니다. 적절한 순간에 저는 문으로 가서 동료에게 말할 거예요. 시에서 나온 배관공이 수도관을 고치기 위해 역류 방지 밸브를 가져와야 하는데, 그것을 고치면 우리가 다시 따뜻하게 지낼 수 있을 것이라고요. 그러면 되지 않겠어요? 그러고서 나는 그와 함께 갈 것입니다. 어쩌면 이 일은 더 빨리 해낼 수도 있을 것입니다.

밖으로 나오면 우리는 다리가 부러질 정도로 뛸 것이고, 그다음에 디트리히 목사님과 저는 숨을 거예요. 아마 주말농장 오두막집이 되겠지요. 러시아 군인이 와서 우리를 풀어줄 때까지 숨어 있을 것입니다.

이것이 저의 계획이에요. 당신은 어떻게 생각하시나요, 폰 베데마이어 양? 많이 놀라셨나요? 모든 것이 잘 될 것 같지 않나요?"

"크노블로흐 씨, 이 일은 너무 위험하지 않을까요?"

"걱정 마세요. 저는 목사님의 누나와 이 모든 것에 대해 충분히 연구했습니다. 잘못될 일은 전혀 없을 거예요. 당신은 곧 다시 그를 포옹할 수 있게 될 것입니다."

그때 저에게는 다시 희망이 생겼어요. 내가 이미 잃어버렸다고 생각했던 희망.

당연히 그 계획은 위험했습니다. 그러나 그는 성공할 수 있을 거라고 생각했어요. 죽음의 위협을 받고 있는 사람에게 더 위험한 것이 무엇이 있겠습니까? 더구나 디트리히를 감시하는 교도관들은 대부분 무척 침착하고 절도 있으며, 목사님에게 매우 호의적이었기 때문이지요. 아마 그들은 탈옥하는 것을 알아차려도 분명히 경고종을 울리지 않을 거라고 생각했습니다.

마리아는 플라밍고를 추는 여자처럼 머리를 갑작스럽게 위쪽으로 뻗었다. 그녀의 눈은 불타는 것 같았다. 그녀는 문득 손님에게 큰 걸음으로 서둘러 가서는 그를 뚫어지게 바라보았다.

어찌할 바를 몰라 당혹스러워하는 모습으로.

"그런데 디트리히가 뭐라고 말했는지 아세요? 뭐라고 단도직입적으로 말했는지요?

아주 단호한 어조로 이렇게 말했어요. '아니오!'"

이 말이 총소리처럼 방 안에 울려 퍼졌다.

"'아니오',

그는 결코 도망가려고 하지 않았어요.

그 계획을 완전히 거절했어요.

신부님께서 나에게 반대 의견을 말씀하셔도 좋아요. 그러나 어떠한 이야기도 나를 납득시킬 수는 없을 거예요. 디트리히는 왜 그 제안을 거절했을까요? 나는 디트리히가 주장하는 바를 모두 알고 있어요. 전부 상세하게.

네, 맞아요. 디트리히는 자기와 함께하는 동료 죄수들을 그대로 내버려두려고 하지 않았어요. 더군다나 디트리히는 자기가 도주하면 나치 비밀 경찰인 게슈타포가 가족과 친구들에게 복수할 것을 알고 있었고, 그것을 엄청나게 두려워했지요. 또 자기가 도망가는 것은 당연히 하나님과 고백교회에 대한 배신이라고 생각했어요.

신부님께서는 그가 당시에 썼던 오싹한 말들을 기억하시나요?"

그녀는 침이 계속해서 공중으로 튀는 것도 눈치 채지 못한 채 한 음절 한 음절을 혐오스럽게 쏘아붙이듯 말했다.

"누가 끝까지 이겨낼 수 있을까요? 자기의 이성, 자기의 원칙, 자기의 양심, 자기의 자유, 자기의 미덕을 마지막 기준으로 삼는 것이 아니라, 오히려 이러한 모든 것을 희생할 준비가 되어 있는 사람만 그럴 수 있지요. 만약 그가 믿음 안에서, 그리고 하나님과 유일하게 교제하며 더 순종하고 더 책임 있는 행동을 하기 위해 소명 받은 사람이라면요. 철저하게 책임지는 삶만이 하나님의 물음과 소명에 대한 응답이라고 믿는 자 말이에요."

마리아는 이 말을 인용하면서 주먹을 불끈 쥐었다.

"다시 말하면 디트리히는 남아 있기로 결정했어요. 감옥에 남아 있기로요. 나와 헤어져 남아 있기로 결정한 것이지요.

그게 무슨 의미인지 아시겠어요?

이 말을 이해하시겠어요?

아니오, 당신은 내가 무엇을 이야기하고 싶어 하는지 잘 모르는 것 같군요. 이것은 아주 간단해요. 믿기 어려울 정도로 간단합니다.

좋아요! 그렇다면 당신에게 말해드릴게요. 디트리히는 모든 사람을 배려했지만, 자신의 약혼자만은 배려하지 않았다는 것입니다.

그것은 단 한 가지를 뜻하지요. **본회퍼의 위대한 사랑, 그 사랑은 내가 아니었어요.** 비록 그가 그처럼 자주 화려한 말과 미사여구로 꾸민 시로 나에게 사랑을 고백했음에도.

오, 아니오! 나는 결코 디트리히 인생에서 최고의 사랑이 아니었어요.

만약 내가 그에게 위대한 사랑이었다면 그는 아마 도망쳤을 것입니다. 나를 위해, 나와 함께하기 위해, 나에게 오기 위해 말이에요. 만약 내가 그의 삶에서 가장 중요한 존재였다면 그는 아마 단 일 초도 주저하지 않고 죽음의 칼날에서 뛰쳐나오는 것을 허락했을 거예요.

그러나 그는 그렇게 하지 않았어요.

그는 나를 위한 결정을 하지 않았어요."

마리아의 뺨에 여러 개의 실핏줄이 뚜렷하게 나타났다. 그리고 그녀의 목소리는 점점 더 거세졌다.

"모든 맹세와 선언, 모든 동경에 대한 표현……. 그 문제를 결정할 때, 그는 자기가 했던 말을 모두 내팽개쳤어요."

그녀는 연극하듯 팔을 들고 거친 목소리로 말했다.

"'나의 마리아! 나는 이제 당신 없이는 살아갈 수가 없어요.'

디트리히! 당신이 나를 위한 결정을 하지 않았을 때, 정말 당신은 내가 당신 없이 살 수 있을지 한 번쯤 질문해 보지 않았나요?

나 자신이 다른 사람에게 중요하지 않은 존재라는 사실을 알게 되는 것이 얼마나 마음 아픈 일인지 당신은 알고 있나요? 그건 사람을 진 빠지게 만드는 거예요. 디트리히! 그건 모든 신뢰, 모든 자존심……마지막으로 남아 있는 작은 것까지도 망가뜨려요. 이 모든 것까지도 나는 용서할 수 있어요. 듣고 있어요? 모든 것을요. 그러나 그런 결정을 하며 당신이 냉혹하게 나를 내팽개친 것은 오늘까지도 나를 너무나 분노하게 만들어요. 20년이 지난 지금도 그때처럼 여전히 마음이 아파요. 정말 아파요……."

마리아는 바닥을 바라보았다. 편지 봉투에 그녀의 눈물이 떨어지고 그 위의 글씨가 번져 나갔다. 그러나 그녀는 그것이 안중에 없었다.

신부는 일어서서 울고 있는 여자를 어찌할 바를 모른 채 쳐다보았다. 그리고 조심스레 다가가 그녀를 안아주었다. 몇 분 정도 시간이 지난 후 그는 속삭였다.

"당신은 디트리히의 위대한 사랑이었어요. 그럼에도 그는 그렇게 결정해야만 했던 것이 아닐까요?"

그녀는 코를 훌쩍거리며 말했다.

"그의 위대한 사랑은 하나님이었어요. 디트리히 자신도 이해하지 못한 하나님, 이해할 수 없고 감추어져 있는 하나님이 그의 위대한 사랑이었습니다. 내가 생각하기에 디트리히는 도망갈 수도 있었고, 교수직을 받아들일 수도 있었어요. 저항을 피할 수도 있었어요. 적어도 나와 약혼한 이후에는 말이에요.

그러나 그는 마음을 이미 정해 버렸어요. 그는 이 세상보다 하나님을 더 사랑했던 거예요."

신부는 헛기침을 하였다.

"나는 그것을 확신할 수 없습니다."

"그게 무슨 말씀이신가요, 신부님?"

마리아가 깜짝 놀라 물었다.

"지금 마리아 당신은 나에게 디트리히에 대해 설명했어요. 마치 그가 자기 자신에 대해 항상 확신에 찼던 것처럼 말입니다. 그러나 그는 전혀 그렇지 않았어요. 만약 그랬다면 그가 모든 사람이 자기 자신을 강한 사람으로 인정한 것에 놀라워하면서 설명하고, 또 자기 자신이 누구인지 전혀 알지 못하겠다는 글을 썼겠습니까?"

나는 누구인가

나는 누구인가? 그들은 종종 나에 대해 말한다.
내가 감방에서 나올 때,
마치 성에서 나오는 영주처럼
침착하고 밝고 당당한 모습으로 나온다고 한다.

나는 누구인가? 그들은 종종 나에 대해 말한다.
내가 감시자들과 말할 때,
마치 내가 권위를 지니고 명령하는 것처럼
자유롭고 친절하고 명확하게 말한다고 한다.

나는 누구인가? 그들은 역시 나에 대해 말한다.
내가 불행한 날들에도
마치 승리에 익숙한 사람처럼
태연하게 웃으면서 자랑스럽게 받아들인다고 한다.

다른 사람들이 나에 대해 말하는 것이 과연 나인가,
아니면 내가 나 자신에 대해 아는 것만이 나인가?
마치 새장에 갇혀 숨을 헐떡이고 있는 새처럼
불안함 속에서 자유를 동경하며,
색깔과 꽃들 그리고 새 소리를 그리워하며,
사람들과의 교제에 목말라하며,
횡포와 무례에 대해 분노하며 치를 떨고,
위대한 죽음을 기다리면서 불안해한다.

끝없이 먼 곳에 있는 나의 모든 친구에 대한
걱정 앞에 무기력하고
기도하고 생각하며 성취해 내는 것에
지치고 공허해하며,

모든 것과의 이별을
힘없이 준비한다.

나는 누구인가? 이 사람인가, 아니면 저 사람인가?
오늘은 이 사람이 나이고, 내일은 다른 사람이 나인가?
사람들 앞에서는 위선자이고
나 자신 앞에서는 경멸스러운 약자일 뿐인가?

나는 누구인가? 쓸쓸한 질문이 나를 비웃는다.
내가 누구인지를 당신은 아십니다.
당신은 나입니다. 오, 하나님!
당신은 나입니다. 오, 하나님!

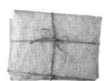

결말

"나는 누구인가? 이 얼마나 이상한 질문입니까? 이 질문은 거의 릴케의 시처럼 들립니다. 그는 말합니다. '나는 여전히 내가 누구인지 모릅니다. 내가 매인지, 폭풍인지, 아니면 위대한 노래인지.'

단 한 가지 생각나는 것은 내가 누구인지 나 역시도 모른다는 것입니다."

마리아는 매우 화가 나서 이맛살을 찌푸렸다. 그리고는 빠른 걸음으로 방을 떠나며 문을 꽝 하고 닫았다.

손님은 기다렸다. 1분, 2분, 5분……. 그동안 그는 여러 번 오렌지 주스를 홀짝거렸다. 어떻게 해서라도 시간을 보내기 위해. 그러나 마리아는 돌아오지 않았다.

서서히 그는 심기가 불편해졌다. 만약 주인이 아무 말도 없이 그렇게 사라진다면, 남의 집 거실에서 손님이 할 수 있는 것이 무엇이겠는가?

그는 주저하면서 일어섰다. 그리고는 바닥에 흩어져 있는 본회퍼의 편지들을 줍고 싶은 자연스러운 충동을 억제한 후 창가로 갔다.

창밖으로 작은 트럭이 느린 속도로 지나갔다. 수염을 기른 수척한 트럭 운전사는 커다란 빨간 종을 계속 치면서 큰 소리로 외쳤다. "고철이요! 고철 가져오세요!" 한 노인이 트럭 뒤에서 달려왔다. 그리고 녹슨 자전거 몸체를 짐칸에 던졌.

고물장수가 자기 야구모자에 손가락을 대면서 노인에게 고마워했다. 그리고 그는 계속 외쳤다. "고철이요, 고철! 고철을 가져오세요!"

"마리아?"

손님은 몸을 돌려 복도 쪽으로 그녀의 이름을 불렀다. 대답이 없자 그는 다시 한번 약간 더 크게 부른 뒤 덧붙여 말했다.

"내가 당신을 위해 무엇을 할 수 있을까요? 마리아! 괜찮으세요? 좀 어떠세요?"

아무 반응이 없었다. 그는 그냥 떠나야 하는 것은 아닌지 잠깐 생각했다. 이어 혹시 그녀가 이러한 대화가 자신에게 매우 부담이 되었다는 것을 그 자리를 떠남으로 손님에게 확실히 알려주고 싶은 것은 아닌지, 그렇다면 그녀를 조용히 내버려두는 것이 옳은지 손님은 깊은 생각에 잠겼다.

잠시 후 그는 바닥에 흩어져 있는 편지 봉투를 밟지 않으려고 매우 조심하면서 건너편 옷장이 있는 곳으로 느릿느릿 걸어갔다. 그리고 마리아가 옆에 놓았던 디트리히의 사진을 아주 조심스럽게 손에 들고 더 자세히 보기 위해 창가로 다시 갔다. 깊은 이마, 뚜렷한 가르마, 모난 턱, 둥근 얼굴 모양과 대조를 이루는 금테의 얇은 안경. 1944년, 그의 머리는 무슨 생각으로 가득 차 있었을까?

해가 지면서 사진이 유리에 반사되어 손님은 사진을 더 잘 볼 수 있는 적절한 각도를 찾기 위해 노력했다.

"이리 주세요!"

마리아가 사진을 그의 손에서 가져갔다.

그는 그녀가 들어오는 것을 눈치 채지 못했다.

그녀는 예전에 아침마다 하던 의식에서 생각에 깊이 잠길 때마다 했던 것처럼 사진을 가슴에 꼭 안았다.

"나는 이 사진을……나는 디트리히의 사진을 쉽게 버릴 수가 없었어요. 이게 무슨 뜻인지 신부님은 알고 계시지요?"

그녀의 호흡이 거칠었다. 손님은 그녀가 울었는지 얼굴을 찬찬히 들여다보았다. 그녀는 다트리히의 사진을 오랫동안 들고 있었다. 한참 후에 그녀는 한숨을 쉬었다.

"'나는 누구인가?' 나도 이것이 알고 싶어요. 디트리히! 나에게 말해보세요. '나는 누구인가?'"

마치 그녀는 혼자 방에 있는 것처럼 말하기 시작했다.

"당신은 누구였나요? 디트리히! 당신은……이해할 수도 없고 세상과 동떨어진 하나님에 대한 믿음으로, 무조건적인 희생으로, 그리고 전대미문의 숙명적인 순종에 마치 돌연변이 같은 어린아이의 순박함으로 말했지요. '하나님이 심판하실 것입니다.' 이 말씀은 당신의 모든 생각의 위에 있었어요. '하나님이 심판하실 것입니다.'"

갑자기 그녀가 격앙된 표정으로 소리를 질렀다.

"하지만 하나님은 당신을 심판하지 않았어요. 나치들이 당신을 심판했지요. 저주스럽게도 하나님은 당신을 구출하기 위해 큰 물고기를 보내지 않았다고요. 그 선한 요나……비겁한 도망자 요나는 커다란 행운을 얻었고 죽기 전에 바로 살아났지요. 요나에게 이 얼마나 다행인가요.

그러나 당신은 …….

디트리히, 당신은 죽었어요.

죽음!

그냥 단지 죽었을 뿐이에요.

도대체 하나님은 그때 무엇을 심판하셨나요?

하나님은 아무것도, 전혀 아무것도 하지 않았어요."

그녀는 두 번 크게 호흡했다.

"하나님은 당신을 그냥 죽도록 내버려두었지요. 그리고 나를. 디트리히! 당신이 결코 알지 못한 것이 하나 있어요. 당신과 함께 나의 일부도 죽었다는 거예요. 당신은 당신 자신이 삽으로 판 무덤에 나를 밀어 넣었어요.

플로센뷔르크 교수대에서 당신만 처형 당한 것이 아니었어요. 오! 당신만이 아니에요. 거기서 우리가 함께 나눈 꿈과 희망, 몇 달 동안 동경하고 소원했던 것이 다 처형 당했어요. 그리고 거기서 나 역시 처형 당했습니다. 함께 붙잡혔고, 함께 처형 당했다고요."

그녀는 손등의 뼈가 하얗게 드러날 정도로 사진틀을 매우 꽉 움켜잡았다.

"당신의 그런 모순된 신학적 지식으로 지금 내가 무엇을 하겠어요? 당신은 말했지요. '하나님은 모든 것, 심지어 가장 나쁜 것에서도 선한 것을 만들어낼 수 있고, 또 만들기를 원하신다는 것을 나는 믿는다.' 당신은 그렇게 기록했어요. 그것이 무슨 뜻이지요?

만약 그 말이 맞다면 나에게 한번 말해보세요. 당신의 죽음으로 나에게 무슨 선한 일이 일어났는지 말입니다. 당신의 죽음이 하나님께는 어떤 의미가 있나요? 그리고 비록 지금 당신이 위대한 순교자로 숭배될지라도 그것이 나에게 무슨 선한 의미가 있나요? 한번 말해보세요. 아무것도 일어나지 않았어요.……어떠한 선한 일도 생기지 않았어요.

하나님은 나를 잊었어요.

나를 떠밀어 버렸어요.

나를 역사의 변두리로 밀쳐 버렸다고요."

신부가 무엇인가 이의를 제기하려고 했지만 그녀는 그를 전혀 주목하지 않았다.

"인간에게 그와 같은 결정을 하도록 하는 하나님은 도대체 어떤 분인가요? 나는 한 가지 당신에게 말할 수 있습니다. 만약 누군가가 나에게 물어봤다면……만약 내가 선택을 해야 했다면, 즉 내가 세상을 구할 것인지, 아니면 우리 둘을 구할 것인지……그렇다면 나는 당장……했을 것이라고요."

마리아는 한참 동안 주저했다. 그리고 턱을 가슴 쪽으로 끌어내렸다.

"그래요.……아니면? 아, 나 역시도 모르겠어요. 어느 누가 쉽게 대답할 수 있겠어요? 나는 아닙니다. 솔직히 말해 내가 세상을 위한 결정을 할지, 아니면 우리 둘을 위한 결정을 할지 나 역시 모르겠어요.

그러나 당신 디트리히, 당신은 확실히 알고 있었어요.

당신의 마음이 어디에 있는지 당신은 알고 있었어요.

당신은 절대적인 희생이 어울리는 분이에요.

세상을 구원하기 위해 역시 자기의 생명을 주신 하나님께 말

결말

입니다."

그녀의 목소리는 분명히 낮아졌지만 매우 힘이 있었다.

"어쩌면 이것은 종말에 관한 문제인가요?……그것이 아니라면 항상 현실과 관련된 문제인가요? 어제, 오늘 그리고 내일. 나는 누구를 섬기는 것일까요? 누구를 위해 사는 것일까요?

더 구체적으로, 나는 무엇을 위해 죽을 준비가 되어 있을까요? 누구를 위해 생명을 내놓을 수 있으며, 무엇에 삶의 가치를 두어야 할까요?

정말이지 인간의 생명보다 더 가치 있는 것이 있을까요? 더 귀중한 것, 더 실존적인 것 말이에요. 한 개인의 생명을 뒤로 제쳐 놓을 수 있을 만한 그런 보편적인 것이 있나요?

다르게 표현하면, 이러한 인간의 생명보다 더 큰 가치를 온 마음과 온 영혼으로 그리고 자기의 온힘으로 지키려는 사람이 더는 없다면 이 세상은 멸망하는 것인가요?"

그녀는 사진을 자기 눈앞에 들고 있었다. 마치 디트리히가 자기 건너편에 있는 것처럼 그녀의 시선은 그의 시선을 찾고 있었다.

격분하던 여자에게 갑자기 깊은 고요함이 내려앉았다. 그것이 얼마나 강렬했던지 당황한 손님이 그 고요함을 손으로 잡을 수 있을 거 같다고 생각할 정도였다. 마치 그 고요함이 어딘가 방에 매달려 있는 것처럼.

마리아가 웃으면서 말했다.

"이제 나는 한 가지를 알게 되었어요. 디트리히! 당신은 이러한 질문의 답을 찾았던 거예요. 그리고 내 생각에……진심으로 내 생각에……정확히 그런 이유로 나는 당신을 사랑했습니다.

그리고 그런 이유로 나는 여전히 당신을 사랑합니다.

아마도 나는 나 자신만 생각하는 이기주의자였어요. 나는 당신이 자신의 행복보다 더 위대한 것을 위해 싸운 것을 깨닫지 못했고, 당신의 존재가 세상에서 가장 깊이 결합되어 있는 아주 위대한 것의 암시였음을 알지 못했기 때문이었지요.

물론 나는 내가 이러한 힘을 가지지 못한 것을 부끄러워했습니다. 나는 단지 우리만, 단지 나만 보았기 때문이지요. 그러나 사실 이것은 자연스러운 것 아닌가요? 세상에 누가 그럴 수 있겠어요? 당신처럼 자기 존재의 폭을 자신의 내면에 묶어 자기 개인적인 현실을 뒤로 제쳐놓을 수 있는 사람이 과연 누가 있을까요?"

그녀는 망설이며 말했다. "만약 당신이 세상을 위한 마음을 저버리고 살아나왔다면, 그래도 내가 당신을 계속 사랑했을지, 또 계속 존경했을지 감히 누가 알 수 있겠어요? 지금까지도 당신의 믿음에 영향을 받고 있는 모든 사람 역시 마찬가지일 것입니다. 만약 당신이 당신의 운명으로부터 도망쳤더라면요……."

갑자기 그녀가 턱을 들어올리더니 몇 발자국 옆으로 가서 좀 전에 디트리히 편지를 가져온 옷장 위에 걸려 있는 거울을 쳐다보았다.

"디트리히! 당신은 누구였나요?

무엇보다도 아마 최고의 정점을 알았기에 밑바닥을 두려워하지 않았던 사람이었을 거예요. 물론 당신도 종종 단순하게 사랑하며 살기를 원했어요. 웃고 파티를 즐기고 노래하고 피아노 치고. 그리고 아마 당신은 나와 더 가까이 있고 싶어 했을 거예요. 우리 둘만 누울 수 있는 부부 침대에서…….

또 있어요. 내 생각에 당신은 종종 거리낌 없이 웃을 수 있는 것을 오히려 더 좋아했어요. 이 세상의 짐을 어떻게 질 수 있을까 끊임없이 고군분투하는 것보다."

그녀는 미소를 지으며 말했다.

"내가 전에 성탄절이 다가왔을 즈음에 성탄절 소나무를 감옥에 있는 당신에게 어떻게 가져갔는지 기억하고 있나요? 나는 기분 좋은 마음으로 그 일을 했고, 그 힘든 상황에서도 당신이 멋진 성탄절을 보내기를 진심으로 원했지요.

그런데 내가 소나무를 복도에 세웠을 때, 당신과 모든 사람이 한꺼번에 큰 소리로 웃기 시작했지요. 당신과 동료 죄수들과 감시자들까지 모두가요.

당신이 설명할 때까지 나는 내가 선물로 가져온 소나무가 왜 우스꽝스러웠는지 전혀 이해하지 못했어요. 다시 말해, 내가 가져온 소나무가 너무 커 당신의 감방에 들여놓을 수 없다는 것을 알기 전까지는요.

당신은 그때 우리 앞에서 마치 찰리 채플린처럼 몸을 움직여, 한 남자가 엄청 큰 소나무가 세워져 있는 감방 안에서 절망적으로 움직이려고 시도하는 듯한 모습을 보여주었지요. 그때 모두 얼마나 한바탕 크게 웃었던지! 몇 분 동안이나마 우리에게 놓인 모든 고통에서 해방되었지요. 그 순간 밝은 웃음이 끊임없는 슬픔을 한쪽으로 비껴 쓸어냈으며 인간적 존재를 위한 자리를 마련해 주었지요."

마리아는 거울 앞으로 매우 가까이 가서 몇 분간 주의 깊게 자기 얼굴을 쳐다보았다. 그녀는 마치 자기 얼굴 표정에서 오랫동안 찾고자 한 답을 찾은 것처럼 보였다.

그녀는 아주 부드럽게 자기 얼굴의 주름을 따라 손가락을 움직였다. 그리고 자신의 눈을 바라보며 자기의 시선에 빠졌다. 이어서 그녀는 여러 번 머리를 옆쪽으로 기울였다. 마치 거울 속에 비친 자신과 매우 은밀한 대화를 나누는 것처럼.

그녀는 계속 말을 이어갔다.

"네, 디트리히, 당신이 옳아요. 인간이라는 존재에게는 웃는 것보다, 그리고 존재하는 것 자체보다 더 가치 있는 무언가가 있습니다. 인간의 존재는 인간에게 가치가 있는 그 무엇을 소유하는 데 의미가 있다는 것이지요. 그리고 아마……아마 정확히 이러한 경험을……믿음이라고 일컬을 수 있을 것 같아요."

마리아는 손님이 오후 내내 앉아 있었던 안락의자를 가리키며 마치 신부가 더는 방에 없는 것처럼 크게 물었다.

"디트리히! 말해보세요, 나의 손님에게 뭐라고 말해야 할까요? 예수회 신부님에게요.

디트리히, 당신은 어떻게 세상의 모든 고통과 고뇌와 곤궁을 참아내는 능력을 지닐 수 있었나요? 무엇이 당신에게 그러한 힘을 주었나요? 정말 무엇이 그러한 고통에도 완성된 삶으로 이끌어가도록 당신을 도와주었나요? 당신은 어떻게 당신과 이 세상이 하나가 되도록 하는 일을 해냈나요? 심지어 당신이 교수대에 올라갔을 때조차도 말이에요. 그것에 대해 나는 알고 싶어요."

그녀는 여러 번 머리를 이쪽저쪽으로 흔들었다. 마치 혼수 상태에 있는 것처럼.

"나는 이미 여러 해 동안 나 자신에게 질문하고 있어요. 과연 나는 그러한 상황에서 당신처럼 태연하게 교수대에 올라갈 수 있었을까요? 그렇게 침착하게 말이에요."

마리아는 다시 식탁 의자를 방의 중간에 놓았다. 그리고 힘있게 호흡하고는 힘차게 턱을 앞으로 밀더니 눈을 크게 뜨고 의자에 앉았다.

작은 미소로 그녀의 얼굴이 살짝 움직였다. 방 안은 매우 조용했다. 밖에서 들려오는 소음만이 손님이 그림을 보고 있지 않다는 것을 분명하게 알려주었다.

손님은 의자에 앉아 있는 여자가 손을 모으고 중얼거리며 기도하고 있다는 것을 그녀의 움직이는 입술을 통해 알 수 있었다. 조용히 주목하고 있던 남자에게 익히 알고 있는 문장이 들려왔다.

"……우리를 시험에 들게 하지 마시고 죄악에서 구원하소서. 나라와 힘과 권세가 영원히 있기 때문입니다. 아멘."

마리아는 자기 팔을 몸에 갖다 댔다. 마치 그녀 스스로 뭔가를 느끼려고 하는 것 같았다. 그러다 갑자기 그녀가 신음하듯 말했다.

"아! 디트리히! 당신의 마지막 말……그것은 나를 위한 것이 아니었어요. 젊은 소녀가 갈망하고 소망했던……약혼자가 죽음을 앞두고 자기 약혼녀에게 불같은 사랑의 말을 남기는 것 말이에요.

마지막 말은 유언과 같은 특별한 것이잖아요. 유언! 유언은 다시 한번 자기의 가장 깊은 경험을 세상과 연결함으로 모든 사람을 긴장하게 하는 것 아닌가요?

당신은 내가 정말 당신의 마지막 기억 속에 남아 있기를 바랐다는 것을 알고 계신가요? 나는 당신이 세상과 이별하는 순간 당신의 마음속에 그려지는 유일한 얼굴이 되기를 희망했어요. 그리고 당신의 발걸음이 이생의 문턱을 지나 영원으로 향하는 길목에서 달콤한 당신의 입술에 나의 이름이 남아 있기를 원했지요. 그러나 당신은 그러지 않았습니다.

지난 세월 동안에 나는 죽을 때 어떤 말을 하고 싶은지 종종 생각해 봤어요. 죽을 때 누구와 잘 헤어지고 싶은지를요.

내가 마지막 순간에 정말 무슨 말을 하게 될까요?

'더 많은 빛을!'

'아, 내 아들 브루투스, 너마저.'

'우리는 구걸하는 자들이다. 이것이 진실인가?'

'작은 희생들을 치러야만 하나?'

'다 이루었노라.'

디트리히! 당신의 마지막 말, 당신의 마지막 생각……이런 것들은 결코 나를 향한 게 아니었어요. 오! 진정 아니었어요. 모두 하나님을 향한 것이었어요.

이것에 대해 이미 나는 줄곧 생각해야만 했어요. 전쟁이 끝난 후 누군가가 나에게 이 사실에 대해 설명했을 때 나를 갈기갈기 찢는 충동을 피할 수 있도록 말입니다.

당신은 '이게 끝입니다'라고 마지막으로 말했다고 하더군요. '이

게 끝입니다. 그러나 나에게는 시작입니다.'

맙소사! 죽음은 이 세상에서의 삶의 끝이지만, 동시에 당신에게는 하나님께로 가는 힘찬 발걸음이었군요. 비록 당신이 가까이하기 어려웠음에도 죽도록 충성했던 하나님께로 말입니다. 마치 용감한 군인처럼, 가장 멋진 군인처럼. 나는 이렇게 말하고 싶어요.

나와 함께하는 미래를 잃는 것보다 당신의 하나님과 함께하는 시작이 당신에게 더욱 중요했다면, 당신은 내가 이 세상에서 발견한 평화보다 더 위대한 평화 속에서 당신의 길을 간 것입니다.

당신은 담대하게 그 길을 갈 수 있었어요. 당신은 당신의 삶이 아니라 하나님께 매여 있었기 때문이지요. 그리고 정확히 이것은 당신에게 상상할 수 없는 자유를 준 것입니다. 이 세상의 존재에 얽매이지 않는 사람은 이 세상 역시 당신에게 어떠한 두려움도 줄 수 없을 것입니다.

디트리히! 당신이 항상 나에게 전달하려고 했던 것이 바로 그러한 자유였음을 지금 나는 분명하게 알게 되었습니다. 그때 나는 너무도 나만의 꿈에 매여 있었지요.

아직 기억하고 있나요, 디트리히?

당신은 그때 나에게 편지를 썼어요. 그리고 그것은 내 가슴에 와 닿았지요. 나를 안내해 준 그 문장……자유를 향해 가는 도상에서의 단계…….."

자유를 향해 가는 도상에서의 단계

당신이 자유를 찾으러 나선다면,
열망과 당신의 몸이
당신을 금방 여기저기로 이끌지 못하게
무엇보다도 당신의 감각과 영혼을 다스리는 법을 배워야 한다.

순결하게 정신과 육체,
총체적으로 당신 자신을 버려야 한다.
당신이 정한 그 목적을 찾는 복종.
그래서 당신은 그 비밀을 인식한다.
규율 속에서의 자유.

단지 하나님의 계명과 당신의 신앙을 짊어지고,
불안해하는 망설임에서 삶의 돌격대로 나선다면
자유는 당신의 영혼을 환호하고 기뻐하며
자유롭게 할 것이다.

임의적으로 행하는 것이 아니라
정의를 감수하고,
가능성에 흔들리는 것이 아니라
현실에 용기 있게 대처하며,
도망치려는 생각이 아니라
오직 행동 속에 자유가 있다.

놀라운 변화.
강한 손들이 당신에게 묶여 있다.
힘없이 외롭게 당신은
당신의 행동의 끝을 본다.
그렇지만 당신은 호흡하며
정의를 담대하게 강한 손에 내놓는다.

단지 한순간만

당신은 자유를 접하게 된다.

그다음 당신은 그 자유를 하나님께 넘겨준다,

그가 그 자유를 완성하도록 하기 위해.

고통 앞에서 도망치는 것이 아니라

고통 자체에 자유가 있다.

자, 죽음이여, 오라, 가장 절정인 축제,

영원한 자유를 향한 도상에서.

우리의 허무한 육체와

우리의 현혹된 영혼의

무거운 줄과 벽을 조용히 내려놓는다.

우리가 여기서 보지 못하는 것을 우리는 마침내 보게 된다.

자유, 너를 우리는 오랫동안

규율에서, 행동에서, 고난에서 찾아왔다.

이제 죽어가며 우리는 깨닫게 된다.

하나님 앞에서 자유가 있다.

이별

"자유!

신부님은 어떻게 생각하세요? 이것이 당신의 질문에 대한 답변이 될 수 있을까요?

당신은 디트리히가 고통을 어떻게 이겨냈는지 알고자 나를 방문했어요. 이제 와 생각해 보니, 때에 따라 그를 혼란스럽게 했던 인간의 아주 원초적인 모든 불안과 염려에도 그는 독특한 방법으로 자유로웠습니다.

심지어 그동안 나는 확실히 알게 되었어요. 디트리히는 세상을 하나님의 눈으로 보려고 최선을 다해 노력했습니다. 그로 인해 이 세상의 악한 것들이 디트리히를 지배하려는 힘을 잃어버렸던 것이지요.

'하나님은 나의 등불이요 생명의 힘이니 내가 무엇을 두려워하리요.' 신부님도 물론 이 시편 구절을 알고 계실 거예요. 시대를 초월한 이 구절의 의미는 내가 보기에 역시 디트리히에게서도 찾아볼 수 있다고 생각해요. 정확히 욥기에 적혀 있는 '하나님께서 주셨고 하나님께서 취하셨으니 하나님의 이름만 찬양을 받으리라'라는 말씀도 그렇고요.

내 약혼자는 심지어 무시무시한 폭탄이 터지던 밤에도—바로 감옥 옆에 기계 공장이 있었기 때문에 그곳에서 그는 밤에 폭탄이 터지는 것을 많이 경험했습니다—공포에 떠는 대신 다른 사람들을 위로할 수 있었습니다. 인간은 하나님의 손에 떨어지는 것보다 더 깊이 떨어질 수 없다고 디트리히는 철저하게 확신했던 것입니다. 그 결과 무섭게 떨어지던 폭탄 그 자체는 본회퍼를 불안에 떨게 하지 못했던 것이지요.

아, 신부님! 음식을 좀 준비하면 어떨까요? 달걀부침? 빵? 어제 나는 매우 진하게 양념된 베르그 치즈를 좀 샀습니다."

손님은 미안하다는 듯 머리를 저었습니다.

"유감스럽게도 오늘 나는 다시 돌아가야 합니다. 상당히 먼 거리예요. 이미 너무 늦었습니다."

"그렇다면 더욱 든든히 드셔야 할 것 같습니다."

"마리아, 당신은 매우 친절하시군요. 그러나 나는 우리가 남은 마지막 시간을 더 잘 유용하게 사용하기를 바랍니다. 나는 당신의 놀라운 이야기의 결말을 듣고 싶습니다."

마리아가 코로 숨을 내뿜었다.

"그렇다면 결코 행복으로 끝나지 않은 이 이야기가 당신에게 충분히 의미 있기를 바랍니다."

그녀는 갑자기 소녀처럼 행동했다. "다르게 말한다면, 나는 어떤 이야기든 어떻게 끝나는지 매우 궁금해하지요. 그래서 한번 읽기 시작한 책은 반드시 끝까지 읽습니다. 비록 그 책의 결말이 완전히 잘못된 것이라 할지라도 말입니다. 나는 모든 일이 어떻게 이어져 가는지를 알고 싶기 때문이지요."

그녀가 안락의자를 가리켰다. "그렇다면 다시 자리에 앉으세요."

그러고는 에테제레에 있던 마지막 작은 빵을 슬쩍 집어 입에 넣고 맛있게 씹었다.

"알고 계시나요? 완성되지 않은 이야기, 이것은 아마 정확히 디트리히와 함께한 나의 이야기일 것입니다. 우리는 우리가 함께

한 이야기를 결코 끝낼 수 없었고, 나 역시 나의 이야기의 실타래를 결코 끝까지 풀 수 없었습니다. 이것은 재미없는 애매모호한 것만 남겼을 뿐이지요. 무언가 아주 끝나지 않은······.

잘 들어보세요. 염려했던 대로 1944년 10월 8일에 게슈타포는 디트리히를 제국 안전본부의 지하 감옥으로 데리고 갔어요. 아주 작고 음침한 감방, 거기에는 겨우 딱딱한 간이침대와 보조 의자만 있었어요.

디트리히의 가족과 나에게는 극적인 결과가 주어졌습니다. 이제 방문이 금지되었고, 편지도 금지되었습니다. 친척들과의 접촉도 모두 소위 안전을 이유로 금지되었습니다.

모든 것이 끝이었어요.

여러 달 동안 나는 디트리히에 대해 아무 소식도 듣지 못했어요. 마치 그가 갑자기 유에서 무의 상태가 된 것 같았어요.

1945년 2월에야 그들이 디트리히를 강제 수용소 부켄발트 또는 베르겐 벨젠(Konzentrationslager Buchenwald, Bergen-Belsen)으로 데리고 갔다는 소문을 들었어요. 그리고 2개월 후인 4월 5일, 전쟁이 끝나기 바로 직전, 누군가가 버려진 탱크 서랍에서 저항군 지휘자 빌헬름 카나리스 장군(Admiral Wilhelm Canaris, 나치 독일의 주요 군사 정보 책임자였지만, 히틀러의 정책과 나치 정권에 대한 깊은 회의감을 품게 되고 내부적으로는 저항 운동과 연계. 1944년 7월 20일의 히틀러 암살 시도에 직접적으로 연루되지는 않았으나 비밀경찰(게슈타포)이 그의 일기를 발견하면서 저항 세력과 접촉하고 있음이 발각. 군사재판에서 사형 선고 받고 플로센부르그 강제 수용소에서 본회퍼와 같은 1945년 4월 9일에 교수형 처형당함.)의 일기장을 발견했습니다. 그 일기장에는 히틀러에 반대한 저항 운동에 대해 자세히 기록되어 있었습니다. 그래서 그 '위대한 독재자' 히틀러가 화가 끝까지 치밀어 올랐고, 그 일에 동참하여 체포된 사람들과 그 공범자들을 곧바로 사형에 처하도록 명령하였던 것입니다.

그리고서 얼마 되지 않아 디트리히는 저항 운동을 한 몇 명의 다른 남자들과 목재가스 엔진이 달린 회색의 작은 트럭으로 이송되었습니다.

당시는 전쟁 말기에 다다른 때였어요. 나치들 역시 거의 자원이 없었습니다. 그래서 군인들은 기껏해야 50킬로미터 속도로 사형이 선고된 죄수들을 태우고 남쪽의 플로센뷔르크 방향으로 차를 몰고 갔어요.

이 트럭으로 이송된 일에 관한 많은 기록이 나중에 발견되었습니다. 탈탈거리며 달리는 트럭은 가는 도중에 고장이 나기도 했고, 죄수들은 농장에서 빵과 우유을 받기도 했으며, 그리고 그 두려운 순간에도 남자 죄수들은 다시 한번 대담하게 유대관계를 형성하기도 했다고 기록되어 있었습니다.

지금까지도 감동적인 것은, 디트리히가 4월 8일 일요일에 한 학교에서 자신과 함께한 죄수들이 원하는 대로 마지막 예배를 드렸다는 것입니다. 비록 이송 중에 있던 죄수가 모두 기독교인은 아니었지만 말입니다. 디트리히는 이제 더는 살 수 없다는 것을 알고 있었으며, 이 예배는 마치 장례식과도 같았던 것이지요. 그래서 그는 이사야 58장에 나오는 위로의 말씀을 선택했습니다. '그는 실로 우리의 질고를 지고……그가 징계를 받으므로 우리는 평화를 누리고.'

디트리히는 추호의 의심도 없이 확신했습니다. 예수께서 인간의 죄를 짊어지셨다면 자신과 고통당한 자신의 동료들이 담대하게 세상에 작별인사를 할 수 있을 것이며, 그다음에는 자기들에게 하늘로 가는 길이 열릴 것이라고 말입니다."

그녀는 깊이 생각하듯 성경구절을 반복해서 읊조렸다.

"그는 실로 우리의 질고를 지고……그가 징계를 받으므로 우리는 평화를 누리고.' 평화, 땅 위의 평화, 그리고 영원히."

그녀의 눈이 손님의 눈을 향했다. 마치 그의 눈에서 동의를 얻고 싶은 것처럼. 동시에 그녀는 자기 옷을 매끄럽게 여러 번 쓰다듬었다.

"그 이후 얼마 지나지 않아 그들은 디트리히를 재판하였습니다. 그들이 1년 반 동안 질질 끌던 재판을 이젠 아주 빠른 속도로 해치우게 되었지요. 그들은 매우 빠르게 뮌헨에 있는 나치 친위대와 경찰법정의 최고 책임자인 오토 토워벡(Otto Thorbeck, 나치 정권하에 나치 친위대 재판관으로 활동. 플로센부르그에서 주관한 SS 특별 재판소에서는 다섯 명의 저명한 저항운동가들이 반역 및 국가 반역 또는 전쟁 반역에 의해 기소되어 정식 재판 절차 없이 사형을 선고한 재판장이었다.)으로 하여금 플로센뷔르크로 차를 몰고 가도록 했습니다. 책에 기록되어 있는 대로 아첨꾼인 그는 플로센뷔르크로 갈 때 특수 기차를 사용할 수 없게 되자 미쳐 날뛰었던 사람이지요.

그 후로 죄수에 대한 심문이 시작되었습니다. 말도 안 되는 방식으로요. 누가 물어본다면 나는 분명히 말할 수 있어요. 재판은 정말 말도 안 되게 거짓으로 꾸민 이야기로 진행되었지요. 즉흥적인 이런 재판이 도대체 어떤 법정에서 이루어질 수 있겠어요?

변호사도, 증인도, 재판 서류도 없고, 기록서기조차 없는 법정 말입니다."

손님은 마리아를 바라보았다. 그녀는 너무 기분이 나빠서 침이라도 뱉고 싶어 하는 것 같았다. 그녀는 무뚝뚝하게 계속 말을 이어갔다.

"독일 전 역사를 통틀어 가장 부끄러운 것 중 하나는, 1956년 연방재판소가 이 사건을 기록한 서류가 없음에도 플로센뷔르크에서 디트리히에게 선포된 사형 선고가 국가를 첩보한 그의 행위 때문에 법적으로 옳다고 공포한 것입니다.

그 뜻은……그 뜻은 디트리히가 독일에서 역시 법적으로 사형 선고를 받기에 타당한 국가의 배신자로 간주되었다는 것입니다. 정말 얼토당토않은 일 아닙니까? 독일에 있는 친척을 방문할 때마다 내가 항상 기분 나쁜 이유 중 하나가 이것입니다."

그녀는 깊은 생각에 빠져 무심코 옆쪽을 바라보았다.

"1945년 4월 9일, 그들은 아침 동틀 무렵에 디트리히를 교수형에 처했습니다. 그러나 나는 그 사실을 한참 뒤에야 비로소 들었어요. 디트리히의 죽음에 대한 소식을 그로부터 몇 주간이 지난 6월에야 비로소 들은 것입니다. 잠시만 기다려 보세요……."

그녀는 일어나 방에서 나가더니 얇은 책 하나를 들고 다시 돌아왔다.

"여기 이 책에 그 당시 플로센뷔르크 수용소의 의사가 기록한 것이 있어요. 그는 처형장에서 어떤 일이 일어났는지를 상당히 정확하게 묘사하고 있습니다. 잠깐만요. 어디에 있었지? 내가 특별히 페이지를 접어 놓았는데……아, 여기요, 그 의사의 이름은 정확히 헤르만 피셔 휠스트룽(Hermann Fischer-Hüllstrung)입니다. 내가 간단하게 읽어드릴게요.

'나는 목재 가건물에 있는 방의 문이 반절 정도 열린 곳을 통해 본회퍼 목사님께서 죄수복을 벗기 전에 하나님께 무릎을 꿇고 진심으로 기도하는 모습을 보았다. 유난히 정이 넘치던 목사님의 헌신적이고 소망이 가득한 기도의 모습은 매우 감동적이었다. 처형장에서조차도 목사님은 짧게 기도하였고, 밧줄에 묶인 채 용감하게 교수대로 가는 계단을 올라갔다. 죽음에 필요한 시간은 겨우 몇 초에 불과했다. 50여 년간 의사 생활을 해왔지만 한 인간이 이렇게 경건하게 죽는 것을 나는 그동안 한 번도 보지 못했다.'"

마리아는 책을 힘있게 덮었다. 벽을 타고 그 소리가 울렸다.

"자, 이게 전부예요. 디트리히가 후송되었다는 것을 듣고, 나는 당시 전쟁 막바지에 혼자 그를 찾으러 갔지요. 그것은 아주 모험적이었습니다. 나는 먼 길을 걸어서 다녔으며, 심지어 석탄 운송용 기차도 탔어요.

그러나 유감스럽게도 나의 이러한 노력은 헛된 것이었어요. 어느 곳에서도 나에게 제대로 된 정보를 주지 않았어요. 비록 대부분의 사람이 나를 귀족의 딸로 경의를 표하며 대해 주었지만요. 물론 플로센뷔르크 수용소 문 앞에서도 그들은 나에게 냉정하게 거짓말을 했습니다. 본회퍼라는 이름의 목사에 대해 아는 것이 없고, 그 이름은 서류에도 없다고 했습니다. 힘들고 지친 상태에서 나는 그때 집으로 편지를 썼습니다.

'사랑하는 엄마! 유감스럽게도 분도르프와 플로센뷔르크로 향한 나의 모든 일정은 전혀 목적을 이루지 못했어요. 디트리히는 거기에 있지 않았어요. 나는 정말 눈물까지 났어요. 이틀이나 기차에서 자고 오늘은 7킬로미터를 걸어서 갔다가, 어떤 희망도 없이 다시 7킬로미터를 돌아와야만 했거든요.'"

마리아의 얼굴은 완전히 상반된 감정을 보여주었고, 그러면서 그녀는 과거를 돌아보며 회상에 잠겼다.

손님은 그런 그녀를 방해할 엄두를 내지 못했다.

한참 후 그녀는 다시 시선을 치켜올렸다.

"디트리히는 자기의 이상을 위해 죽었습니다. 세상은 자기들의 이상을 위해 죽고자 준비된 사람들을 필요로 한다고 말할 수 있겠지요. 그러나……."

그녀는 고개를 끄떡이며 말했다. "세상은 역시 또 살아 남아 있는 사람을 필요로 합니다. 폐허에서 파괴된 것들을 다시 세우는 사람들 말이에요. 이러한 이상적인 것에 대해 설명할 수 있는 사람들 말입니다. 왜냐하면 그들은 살아 남았기 때문이지요."

생각에 잠겨 있던 여자는 문득 일어서더니 바닥에 흩어져 있던 편지들을 모으기 시작했다. 한 장씩 아주 조용히.

그녀는 편지 묶음을 다시 손에 쥔 다음 무심히 그 묶음을 옷장에 놓고 거실을 떠나갔다.

그리고 이번에는 돌아오면서 은색 쟁반에 포도주잔 두 개와 샤르도네 한 병을 가져왔다.

그녀는 기분 좋게 손님에게 고개를 끄덕이며 미소를 지었다. 그리고 쟁반을 탁자에 내려놓고 와인 오프너로 백포도주 병을

땄다. 그러면서 그녀는 생각에 잠겨 말했다. "디트리히는 죽었습니다. 그의 죽음의 가치를 통해 이 사실은 비로소 나에게 확실해졌습니다. 정말 디트리히는 죽었습니다."

그녀는 포도주잔을 집더니 잔을 쳐다보면서 말했다.

"그의 잔은 이미 비워졌습니다.

그러나 우리의 잔, 당신의 잔과 나의 잔은 아직도 가득 차 있습니다.

가득 찬 삶!

그래서 당신에게 부탁합니다. 나와 함께 건배합시다.……우리 앞에 놓여 있는 삶을 위하여!

자! 마셔요.……당신이 자동차를 타고 가야 한다는 것을 알고 있어요. 그러나 반 잔 정도는 이겨낼 수 있을 거예요.

제발, 나를 위하여.

그리고 디트리히를 위하여."

그녀는 잔을 채워 손님에게 건네주었다. 그리고 자기 잔을 신부의 잔에 부딪히며 들어올렸다.

"삶을 위하여!"

신부는 깊이 생각한 뒤 머리를 숙이고서 일어났다. 그리고 그녀의 잔에 자기의 잔을 부딪혔다. 잔이 부딪히는 소리가 밝고 부드럽게 살짝 울렸다.

"삶을 위하여! 디트리히가 죽음 속에서도 영화로울 수 있는 삶을 위하여! 당신의 삶을 위하여!……그리고 당신이 나에게 오늘 디트리히라는 존재와……나의 존재에 대해 새롭게 바라보게 해 준 것을 위하여."

그는 재빨리 잔을 비웠다. 그리고 마리아가 눈을 감고 포도주 맛을 어떻게 즐기는지 주시했다.

그러고서 둘은 함께 웃었다. 이들이 매우 만족스러워하며 서로를 바라보았기 때문이다.

"우리 다시 앉을까요?" 마리아가 친절하게 물었다. "이야기를 빨리 마무리하도록 하겠습니다."

"기꺼이!"

그녀는 다리를 꼬아 앉으며 의자 등받이에 기댔다.

"1944년 성탄절에 게슈타포 감옥 담당자는 디트리히에게 나에게 편지를 한 번 쓸 수 있도록 허락해 주었습니다. 당시 나는 이 편지가 그의 이별 편지일 수 있다는 것은 알아차리지 못했지만, 그는 이별을 매우 의식하고 썼다는 것은 알 수 있었어요.

적어도 그는 유언 같은 글을 몇 줄 썼습니다.

'당신은 내가 불행하다고 생각해서는 안 됩니다. 도대체 행복이 무엇이고, 불행이 무엇인가요? 이런 것은 어떤 상황에 달려 있다기보다, 본래 인간의 내면에서 일어나고 있는 것에 달려 있습니다.'

이것은 바로 내가 신부님께 말했던 것을 뜻합니다. 디트리히가 자기의 외적인 상황에서 해방되었던 자유, 즉 그가 내적으로 느꼈던 자유를 의미한 것입니다.

행복이든 불행이든 그는 하나님이 가까이 계심을 느꼈어요.

자유이든 구속이든 그는 하나님이 가까이 계심을 느꼈어요.

기쁨이든 절규이든 그는 하나님이 가까이 계심을 느꼈어요.

희망이든 절망이든 그는 하나님이 가까이 계심을 느꼈어요.

안전이든 상실이든 그는 하나님이 가까이 계심을 느꼈어요.

유감스럽게도……유감스럽게도 나는 이 말을 덧붙여야 할 것 같아요. 나와 함께이든 함께가 아니든 그는 하나님이 가까이 계심을 느꼈어요.

그래서 나는 디트리히의 삶에서 결국 두 번째 사랑으로 남게 된 것입니다. 나와의 사랑은 그의 인간적인 성취라는 면에서는 가장 중요한 요인이었지만, 하나님 앞에서는 꼭 필요한 사랑이 아니었어요.

이제 나는 우리 인간이 서로를 필요로 한다는 것이 어쩌면 아무런 의미가 없는 것처럼 보여요. 그럼에도 우리는 꼭 필요한 것처럼 생각하지요. 그러고서 우리가 서로 더는 필요치 않은 존재라는 사실을 알면, 그 아픔으로 인하여 영혼에 깊은 상처를 받게 됩니다. 그리고 그것은 우리의 자아상에 큰 상처를 내게 되지요. 다른 사람의 행복을 위한 권한이 결코 내게 없다는 것을 누가 인정하려고 하겠습니까? 장담하건대 아마 아무도 없을 거예요.

이제까지 나의 모든 이야기를 들으셨는데 신부님은 어떤 생각이 드시나요? 당신과 나, 우리는 디트리히의 이러한 신비로운 침착함을 필요로 하나요, 아니면 세상의 행복에 기여할 수 있는 것에 대해 우리가 동경하고 있는 것을 인정해야만 하나요?"

다시 한번 그녀는 잔을 부딪치고 포도주 향을 크게 들이마신 뒤 한 모금을 쭉 마셨다.

"결국 이제 나의 행복이 디트리히에 달려 있지 않다는 것을 나는 배워야 합니다. 그의 행복이 나에게 달려 있지 않듯이 말입니다.

신부님께서 불안해하는 것을 알고 있습니다. 걱정 마세요. 나

이별
207

의 이야기는 거의 끝났습니다. 아니, 나의 이야기가 아니라 마리아와 디트리히의 이야기가……. 나의 이야기는 이제야 비로소 다시 시작합니다.

　아, 한 가지 더 말씀드리면, 디트리히가 나에게 마지막 편지를 써도 된다는 허락을 받았을 때 그는 이 시로 끝을 맺었습니다. 그는 성탄절에 새해를 바라보며 나에게 용기를 주려고 이 시를 써서 보냈지요. 신부님도 이 시를 읽게 되면 무엇보다 디트리히의 용기의 근원이 무엇인지 발견하게 될 것입니다.

　이러한 용기를 나는 이제 내 가슴에 깊이 새기려고 해요. 이것은 어쩌면 신앙의 첫 발걸음이 될 수도 있을 것입니다.

　내가 선한 능력으로 인하여 놀랍도록 안전하다면 나에게 무슨 일이 일어날까요?"

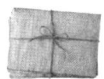

선한 능력으로

선한 능력으로 신실함과 고요함에 둘러싸여 있습니다.
놀랍도록 우리를 보호하시고 위로하십니다.
나 그대들과 함께 오늘을 살 것입니다.
그대들과 함께 새해를 맞이할 것입니다.

여전히 옛것이 우리의 마음을 괴롭게 하고
여전히 불길한 날들이 무거운 짐을 억누르고 있습니다.
오! 하나님! 겁에 질린 우리의 영혼에
당신이 우리에게 창조해 주신 자유를 주십시오.

선한 능력으로 놀랍도록 우리를 보호하십니다.
다가올 일을 우리는 침착하게 기다립니다.
하나님은 밤이나 아침에도 우리와 함께하시고
매일 새로운 날에도 신실하게 우리와 함께하십니다.

당신은 우리에게 끝까지 가득 채운
힘들고 쓴 고통의 잔을 주십니다.
당신의 선한 사랑의 손으로부터
우리는 그 고통을 두려움 없이 감사하며 받아들입니다.

그러나 당신은 우리에게 다시 한번 기쁨을 선사하려고 합니다.
이 세상의 눈부시게 빛나는 햇빛을.
그래서 우리는 지나간 일을 기억할 것이고
우리의 삶은 당신에게 전적으로 속할 것입니다.

당신이 우리의 어두움에 가져온 촛불이
오늘 따뜻하고 밝게 타오르게 하소서.
부디 다시 우리를 함께 인도하소서.

당신의 빛이 어두운 밤을 비출 것을 압니다.

고요함이 우리 주변에 깊이 퍼질 때
그 힘찬 소리를 우리가 듣게 하소서.
우리 주변에 보이지 않게 넓어진 세상에서
당신의 모든 자녀가 높이 찬양할 것입니다.

선한 능력으로 놀랍도록 우리를 보호하십니다.
다가올 일을 우리는 침착하게 기다립니다.
하나님은 밤이나 아침에도 우리와 함께하시고
매일 새로운 날에도 신실하게 우리와 함께하십니다.

디트리히에게

    디트리히! 이 편지는 내가 언젠가 당신에게 쓰려고 한 마지막 편지예요. 다행이지요.

    이 말은 이제 내가 자유로워질 수 있다는 것을 뜻해요. 그 수많은 세월이 지난 후에야 비로소. 그렇다고 당신이 이제 나에게 중요하지 않다는 의미는 아닙니다. 정말 아니에요. 내가 지금의 내가 된 것은 당신 덕분임을 인정해요. 다시 말하면 당신은 내 삶의 일부이고, 앞으로도 내 삶의 일부로 남아 있을 것입니다.

    당신이 나를 자유롭게 해주었듯이 나도 당신을 자유롭게 해주려고 해요. 나의 개인적인 행복을 위하여 더는 당신에게 얽매이지 않으려 합니다. 이제 새롭게 시작하는 나 자신에게 마침내 전적으로 자유를 줄 것입니다.

그것이 아니면 당신이 썼던 것처럼 할 거예요. "그렇지만 당신은 이 세상과 눈부시게 빛나는 광채를 우리에게 다시 한번 기쁨으로 선사할 것입니다. 그러면 우리는 지나간 일을 기억할 것이고, 그다음 우리 삶은 당신에게 전적으로 속할 것입니다."

나는 정말 당신을 기억할 거예요. 그러나 더는 당신에게 나의 삶을 지배당하고 싶지 않아요. 그리고 이것은 분명히 당신이 우리 관계에서 원했던 것이라고 생각합니다. 또 당신은 아마 모든 믿는 사람의 삶도 그렇게 되기를 원했을 것이라고 생각해요. 그것은 하나님께 삶을 전적으로 맡기는 자만이 알게 되는 신비로운 내적 자유입니다.

내가 이 비밀을 이해하기까지는 오랜 시간이 걸렸어요. 그러나 이제는 분명히 깨달아 알게 되었어요. 그리고 나는 예수회 신부님에게 감사하게 생각합니다. 그는 내가 다시 한번 깊이 과거로 들어가 움직이게 했고 새로운 삶에 도전하게 했어요. 이제 나는 과거로부터 벗어날 수 있게 되었습니다. 뱀들이 자기 피부가 매우 좁게 느껴지면 정기적으로 오래된 허물을 벗겨내는 것처럼 말이에요. 나의 새로운 피부는 나에게 더 잘 맞을 거라고 믿어요.

그리고 나는 더 자유로움을 느끼게 될 것입니다. 훨씬 더 큰 자유로움을. 나는 이제 이 사실에 대해 기뻐하고 있답니다.

디트리히! 언젠가 당신이 말했지요. 스물세 살에 이렇게 확신했다고요. "나는 늙지 않을 것이다. 나는 마흔 살에 죽을 것이다."

당신은 정말로 이것을 지켰어요. 거의 정확하게. 당신은 서른아홉 살로 생을 마쳤으니까요. 이러한 예감은 다모클레스의 칼(Damoklesschwert, 이 용어는 고대 그리스의 이야기에서 유래, 항상 존재하는 위협이나 위험을 비유. 지금도 편안해 보이는 상황에서 존재하는 위험을 비유하는 메타포로 사용.)처럼 당신이 살아가는 내내 당신에게 걸려 있었나요?

아니, 다르게 물어볼게요. 당신은 마치 객원 배우처럼 이 세상을 짧게 방문할 것이라고 느꼈기 때문에 그렇게 삶에 집착하지 않을 수 있었나요?

이런 질문은 별로 의미가 없는 것 같아요. 그러나 언젠가는 당신에게 물어볼 수도 있겠지요.

정말……나는 당신에게 물어볼 수 있기를 원합니다. 왜냐하면 나는 점점 더 확신으로 가득 차고 있기 때문이에요. 당신의 위로가 담겨 있는 성탄절 시가 결코 살아 있는 사람만을 향한 것이 아님을 나는 알고 있어요. 간절히 기도할 때 떠올려봅니다. "당신이 우리의 어두움에 가져온 촛불이 오늘 따뜻하고 밝게 타오르게 하소서. 부디 다시 우리의 삶을 이끄소서. 우리는 당신의 불빛이 밤에 비추는 것을 알고 있습니다."

나는 이 구절을 일기장에서 없애면서 마치 힘든 짐을 벗는 것처럼 타닥거리며 타는 벽난로 불을 바라보았습니다. 그리고 갑자기 이런 생각에 사로잡혔습니다. 내가 우리의 모든 편지를 활활 타는 불에 던져버리면 안 되는 것 아닌가? 이렇게 최종적으로 종결을 지어야만 하는 것인가? 그러나 이것이 가장 간단하게 끝내는 게 아닐까? 이미 다 끝났고 지나가버린 것?

그러나 나는 어느새 노랗게 변한 종이들 앞에서 여전히 불안하다고 새롭게 고백할지도 몰라요. 나의 과거가 뒤에 숨어서 나의 미래를 지배할 것이라는 두려움을 여전히 지닌 채, 또 나는 여전히 나의 행복이 당신의 말에 달려 있다는 것을 인정하면서 '만약 그때 그랬더라면 과연 어떤 일이 일어났을까'라는 질문에 사로잡힐지도 모릅니다.

그러나 이제 그렇게 하지 않으려고 해요. 그리고 그런 생각이 더는 필요하지 않게 되었어요.

아……최근에 당신이 미국 체류 중에 방문하였던 하버드 대학의 한 관계자가 자기 대학교 신학자들이 우리가 교환한 편지들 중 일부를 출판해도 되겠느냐고 물어왔습니다.

나는 이 제안을 하나의 좋은 해결책으로 받아들였어요. 그래서 우리의 편지 일부를 하버드 대학에 맡기려고 해요.

지난 10년 동안 당신의 추종자들이 나에게 끊임없이 출판을 촉구했을 때와 다르게 이번에는 놀랍게도 그것이 더는 부정적으로 보이지 않게 되었어요. 이전에는 세상이 망하는 것 같고, 나의 세계가 무너져버리는 것 같았어요. 훼손되지 않게 하려고 우리 둘이 함께 분투하고 있는 것을 바라보는 모든 사람의 시선을 의식하면서요.

그러나 이 얼마나 무의미한 일인가요!

우리가 어떻게 사랑했는지 전 세계가 알아도 되지 않겠어요? 안 될 이유가 없지 않을까요? 이제 나는 아무것도 숨기지 않으려고 해요. 내 안에 더는 숨길 것이 없기 때문이지요.

이제……안녕. 다시 만나요. 디트리히!

나는 당신의 사진은 계속 가지고 있으려고 해요. 그러나 당신과는 멀어지려고 합니다. 하나님의 평화가 있는 곳으로 가세요.
 그리고 나는……나는 시시때때로 당신이 나에게……아니, 당신이 모든 사람에게 남겨준 말로 정확하게 하나님께 기도하려고 해요. "부디 우리를 다시 함께 이끄소서. 우리는 당신의 빛이 밤새 비추고 있다는 것을 알고 있습니다."

에필로그

　이 소설이 나오게 된 특별한 계기가 있다. 이 소설은 2015년부터 독일 전역에서 순회 공연을 했던 뮤지컬 대본에 기초한 것이다. 마리아 폰 베데마이어의 감동적인 이야기를 다시 한번 읽어 볼 수 있도록 해달라는 많은 관객의 바람으로 이 책이 출판된 것이다.

　이 소설 《본회퍼의 위대한 사랑》을 읽는 사람은 이 책이 뮤지컬 대본으로 만들어졌다는 것을 아마도 느끼게 될 것이다. 그 이유는 단지 추가된 노래 가사 때문만은 아닐 것이다. 나는 뮤지컬 내용에 근접하려고 했고, 의도적으로 역동적이고 생동감 있게 무대에 등장하는 원래의 대화를 그대로 유지하려고 노력했다.

뮤지컬 공연에서 무대에 단 한 명의 여자만 서 있도록 되어 있어서, 드라마의 중심이 마리아 한 사람으로 인식되도록 남겨두었다. 여러분은 바로 산문 형식의 연극 한 편을 읽게 된 것이다. 책을 통하여 뮤지컬을 읽는다는 것은 특별한 매력을 지니고 있다고 생각한다.

한 인물에 대한 이야기가 많이 존재하는 상황에서, 또 그 동시대 사람이 여전히 지금도 살고 있는 상황에서 그 인물에 대한 문학적인 작품을 쓴다는 것은 간단하지 않은 모험이다. 역사적인 정확성에 모든 노력을 기울였음에도, 나는 전해 들은 자료들 사이에 있는 공간을 문학적인 자유로 채워야 했기 때문이다. 그러므로 《본회퍼의 위대한 사랑》은 역사책이나 학문적인 전기가 아니며, 오히려 꾸며낸 소설이라고 할 수 있다. 이 책에서 그런 허구적인 것을 발견하게 될 것이다.

마리아 폰 베데마이어가 생각하고 꿈꾸고 느꼈던 것 중 몇 가지는 직관적으로 파악할 수 있었다. 그럼에도 내가 그녀의 이성과 감정을 정확하게 표현했다고는 감히 말할 수 없을 것이다.

단지 나는 보관된 자료와 전해 들은 이야기에 근거해 결코 평범하지만은 않은 이 매력적인 여성의 입장에서 생각해 보려고 했다. 그녀의 독특한 상황과 경험을 이 세상에서 유일한 것으로 바라보려고 노력하였다. 그래서 부제를 '마리아 폰 베데마이어의 놀라운 이야기'로 정한 것이다.

카셀에서 뮤지컬을 초연할 때 마리아 폰 베데마이어의 친척이 많이 찾아와 무척 기뻤다. 그들은 공연을 관람한 후에 본회퍼의 약혼녀에 대한 연출이 매우 적절했다고 강조하며 확인해 주었다. 그 점에서 나는 이 소설에서 사실과 허구가 영감을 받아 같이 조화롭게 하나가 되기를 희망한다. 내용의 정확성을 위해 여기서 언급하는 것은, 디트리히 본회퍼는 1996년에 명예 회복이 이루어졌고, 1945년에 군사재판의 즉결심판이 폐지되었다는 사실이다.

마리아의 특별한 상황이 꿈과 기대에 대한 치유와 과거에 얽매이게 하는 파괴적인 힘을 지닌 커다란 질문을 다루도록 이끌었던 것은 분명하다. 정확하게 이것이 끝없이 도전적인 평범하지 않은 사랑의 이야기를 만들고 있다. 시간이 지나면서 쌓인 이 모든 실현되지 못한 희망이 우리와 어떤 관계가 있을까? 나의 책을 통하여 이것과 연결된 주제들이 새롭게 인식되기를 희망한다.

디트리히 본회퍼는 신학자인 동시에 믿음이 매우 깊은 사람이었기에 마리아와의 관계는 항상 그의 영적인 믿음의 상태와 얽혀 있었다. 이러한 차원의 사랑은 언제나 하늘에까지 도달하였다. 그렇기에 이 둘의 관계를 설명하기란 결코 쉬운 것이 아니며, 반대로 이것은 이 둘의 관계가 왜 그처럼 존재론적이었고 믿음의 차원으로 바라보지 않고서는 이해될 수 없는지를 말해준다.

이러한 모든 '추가 자료'들은 이 이야기가 우리를 과거로만 끌고 가는 것이 아니라 미래로도 이끌어 가고 있음을 나는 확신한다.

원칙적으로 이 소설은 공동작품이라고 말하는 것이 타당할 것이다. 그래서 나는 이 자리를 빌려 이 프로젝트가 성공하도록 기여한 몇 명의 사람에게 감사하고 싶다. 안네테 바이드하스, 세바스찬 크뇌펠 그리고 라이프치히 개신교 출판사 크리스몬 편집팀에게 감사의 말을 전한다. 그들은 뮤지컬 원고에서 이미 소설을 보았다고 했다.

편집자로서 글을 언어적으로 매우 섬세하게 다듬어준 안네그레트 그림에게도 무척 감사하다.

페터 크라우쉬와 게어노트 불루메에는 "본회퍼의 위대한 사랑"의 순회공연을 할 때 피아니스트로서 가사를 음악적으로 풍성하게 해주었다.

　크리스찬 하츠펠트와 미카엘 쿠스터러는 기술자로서 뮤지컬 공연에서 적당한 조명과 적절한 소리로 이야기를 더욱 빛나도록 해주었다.

　그리고 무엇보다도 미리암 쿨머 포굿, 그녀는 마리아 폰 베데마이어의 역할을 매혹적이면서도 감동적으로 해냄으로써 왜 연극이 사람들에게 필요한지를 보여주었다.

마리아 폰 베데마이어의 놀라운 이야기

본회퍼의 위대한 사랑

1판 1쇄 인쇄 _ 2025년 4월 10일
1판 1쇄 발행 _ 2025년 4월 25일

지은이 _ 파비안 포굿
옮긴이 _ 서은성
펴낸이 _ 이형규
펴낸곳 _ 쿰란출판사

주소 _ 서울특별시 종로구 이화장길 6
편집부 _ 745-1007, 745-1301~2, 743-1300
영업부 _ 747-1004, FAX 745-8490
본사평생전화번호 _ 0502-756-1004
홈페이지 _ http://www.qumran.co.kr
E-mail _ qrbooks@daum.net / qrbooks@gmail.com
한글인터넷주소 _ 쿰란, 쿰란출판사
페이스북 _ www.facebook.com/qumranpeople
인스타그램 _ www.instagram.com/qrbooks
등록 _ 제1-670호(1988.2.27)
책임교열 _ 오완 · 강찬휘

ⓒ 서은성 2025   ISBN 979-11-94464-37-2 03230

책값은 뒤표지에 있습니다.
이 출판물은 저작권법에 의해 보호를 받는 저작물이므로 무단 복제할 수 없습니다.
파본(破本)은 구입처에서 교환해 드립니다.